JN111641

MARKE

「売る力」が身につく

見るだけで頭に入る!!

最強 マーケティング 図鑑

草地 真 Makoto Kusaji

TING

まえがき

インバウンドマーケティング、コンテンツマーケティング、ソーシャルマーケティング、リレーションマーケティング、サブスクリプションマーケティング、O2Oマーケティング、SNSマーケティング……。

果たして「○○マーケティング」と銘打ったものはどれだけあるのかわからないほど、世はまさにマーケティングの百家争鳴（ひゃっかそうめい）状態にあります。それは1995年、ウィンドウズ95の上陸によって誰もがPCやスマホを手にした時代＝デジタルベースの時代が進むほど、ますます激しくなっています。今では、何か新しいビジネスや商売の仕方、システムアプリを開発しただけで、それがそのまま「○○マーケティング」と呼ばれる状況です。

本書は、すでに多くの形で研究され、実践されてきた様々なマーケティングの考え方や手法について、メーカー・小売・デジタルといった視点を含めて、幅広く、見やすく、直観的に理解しやすい「ミニ図鑑」をめざしました。

マーケティングは、モノやサービスを作って、流して、売るための企業や組織のものから、スマホを手にした消費者誰もが流通の「主人公」になるためのものへと、変わりました。メーカー・小売・卸……といった枠組みを大きく越え、さらにはSDGsに象徴される近代社会と世界の再構築をめざすのが、これからのマーケティングの役割です。

本書が、激変する時代と社会の中で、自らの立ち位置を見出したいと思う方の一助となれば幸いです。

見るだけで頭に入る!!
「売る力」が身につく 最強マーケティング図鑑

もくじ

まえがき　3

第1章 「思考力」で儲ける《ストラテジック・マーケティング講座》

◎ゼロからわかる一生使えるマーケティングのきほん

1-1　マーケティングってなんなの？→マーケティングのとらえ方　10
1-2　「大きな山を制覇するため」にはいくつものアプローチの方法がある　12
1-3　実際のマーケティングの取り組み方とは何か　14
1-4　自社・自店の置かれている状況を把握することからマーケティングははじまる　16
1-5　自社・自店・自社製品の「コンセプト」がマーケティングに大切な理由　18
1-6　具体的な行動を起こすための「4つのP」の組み合わせ方とは　20
1-7　【ワーク!!】ディズニーランドのSWOT分析をやってみよう　22

第2章 「顧客創造力」で儲ける《カスタマー・マーケティング講座》

◎市場・顧客を知るにはどんなマーケティングを実行するのか

2-1　5つの視点から市場・顧客を知ることができる　26
2-2　今と未来を知るためには「現状を把握する視点」が大切　28
2-3　世代がわかると「市場」と「顧客」が見えてくる　30

2- 4　アンケートで得たことを
「どう活かしていくか」が顧客理解のカギ　32
2- 5　マーケティングで欠かせない
顧客を知るためのインタビューの進め方　34
2- 6　誰をターゲットにするかで売り方が
まったく違ってくる【STP 分析】　36
2- 7　たとえばコーヒー飲料の市場はどう
セグメンテーションしてターゲットを決めるのか　38
2- 8　“自社製品”に共感し、応援してくれる顧客を
増やすには何をしたらいいのか　40
2- 9　顧客のランクによって打つべき手だてを
変えることで、顧客ロイヤリティを高める　42
2-10　優良顧客の見つけ方【デシル分析】　44
2-11　どのお客様が一番「大切」ですか？【ＲＦＭ分析】　46

第3章 「商品力」で儲ける《ブランド・マーケティング講座》

◎ブランドが強いと楽な商売ができるようになる!?

3- 1　4つの「P」をどう組み合わせるか　50
3- 2　商品（製品）の種類によって
マーケティングは違ってくる！　52
3- 3　目に見えなくても「商品」です！→サービス商品　54
3- 4　商品（製品）の価値は3層構造になっている
（コトラーの3層モデル）　56
3- 5　モノづくり（製品開発）のプロセスを知っておこう　58

3- 6　コンセプトは、モノづくりの心臓部！
→ケーススタディ・キリン【ムーギー】　60
3- 7　商品の価格もマーケティングの中から決まる　62
3- 8　どういうルートで商品を流すか　64
3- 9　「買いたい気持ちにする」のがプロモーション　66
3-10　製品ライフサイクルの見極め方　68
3-11　小売業のマーケティングを
「マーチャンダイジング」と言う　70

「場所の力」で儲ける《商圏・立地・店舗マーケティング講座》

◎売れる立地の見抜き方は？　まちに人を呼び込むマーケとは？

4- 1　「場所」を見ることからはじめよう
→ロケーション・マーケティング　74
4- 2　行かなくてもわかるまちのイメージのつかみ方　76
4- 3　町に着いたらまずは高いところに上がってみよう　78
4- 4　「まち」の特徴をつかむための着眼点を持とう
～例・金沢～　80
4- 5　商圏とは「店の売上を構成する人々」
が住んでいる地域のこと　82
4- 6　３つの観点で、店舗は「商圏」にかかわっていきます　84
4- 7　店の成否がかかわる立地選びは“命がけ”！　86
4- 8　店の「見方」にはノウハウがある　88
4- 9　業種・業態・立地・規模でこれだけ違う「店の見方」　90
4-10　【演習】コンビニを「見る」ことは最高のトレーニング　92

4-11 「店のつくり方」はマーケティングの宝庫　94
4-12 店づくりは、場所づくり（ロケーションマーケティング）の集大成　96

第5章 顧客との「接点力」で儲ける《宣伝・営業・接客マーケティング講座》

◎リレーション・マーケティングって具体的にどう進めるの

5- 1 リレーション・マーケティングって何？　100
5- 2 ブランディングされているかいないかの違いって何？　102
5- 3 ブランドとは、その企業や商品の「すべて」を表す　104
5- 4 顧客との接点で生じるあらゆることがブランドイメージになる！　106
5- 5 宣伝・販促とは「コミュニケーション」戦略！　110
5- 6 誰に、何を伝えたいかによって販促媒体（メディア）の使い方が決まる　112
5- 7 テレビメディア広告を抜いたインターネット広告にはどのようなものがあるのか　114
5- 8 コミュニケーションの方法は「押したり・引いたり」して反応を見る　116
5- 9 “営業”はいかに顧客との関係を築けるかがカギになる　118
5-10 （訪問）営業のプロセスとは、顧客との距離が縮まっていくプロセスでもある　120
5-11 接客販売は、“神業”のプロセス！　122
5-12 人がモノを買うときの心理を知ると接客がしやすくなる　124
5-13 「人の心が動くときに売れる」とはどういうこと？　126

第6章　「電脳力」で儲ける《デジタル・マーケティング講座》

◎ビジネス最前線ではどんなマーケティング革命が起こってるの？

6-1　今、マーケティングの世界では「大革命」が起こっている　130
6-2　「頒布会」は昔からあったけど、デジタルでより大きくなった！　132
6-3　「分かち合う経済」が大きくなったのもデジタルマーケティング　134
6-4　フリマは前からあったけど、デジタルで躍進したメルカリ　136
6-5　遂に「売らない店舗」も登場しました　138
6-6　「マスから個別へ」マーケティングはシフトした！　140
6-7　根本にあるのは、「データにもとづくマーケティング」　142
6-8　時空を超えるデジタル・マーケティングで、新たな手法が増えていく!!　144
6-9　３つの観点からＷＥＢマーケティングをとらえるとどうなるか　146
6-10　デジタルの力は、買物のカタチも変えていく　148
6-11　オンラインショップをやるには２つの方法がある　150
6-12　人気のオンラインＥＣサイトには売るための工夫がいっぱい詰まっている　152
6-13　オンラインショップのつくり方　154

あとがき　～社会と個人のマーケティングが大切な時代です

第１章
「思考力」で儲ける
《ストラテジック・マーケティング講座》

◎ゼロからわかる一生使えるマーケティングのきほん

1-1

マーケティングってなんなの？

→マーケティングのとらえ方

マーケティングには様々なとらえ方がありますが、マーケティングの“神様”フィリップ・コトラーと、経営戦略の専門家ピーター・ドラッカーの示す定義はとても示唆に富んでいます。マーケティングを、企業とユーザーのどちらにウェイトをおいてとらえるかという点で対極的です。

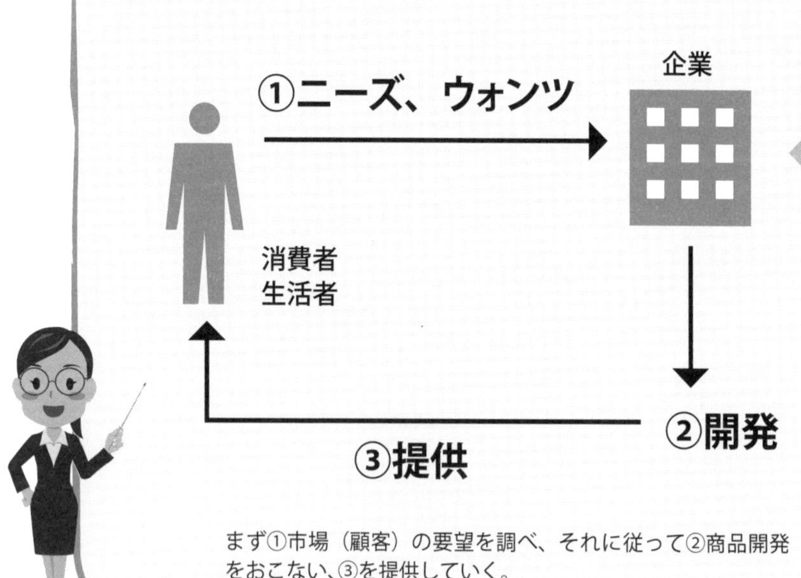

♠ドラッカーの「企業の価値」論

「マーケティングの目的は、販売を不必要にすることだ。マーケティングの目的は、顧客について十分に理解し、顧客に合った製品やサービスが自然に売れるようにすることなのだ」

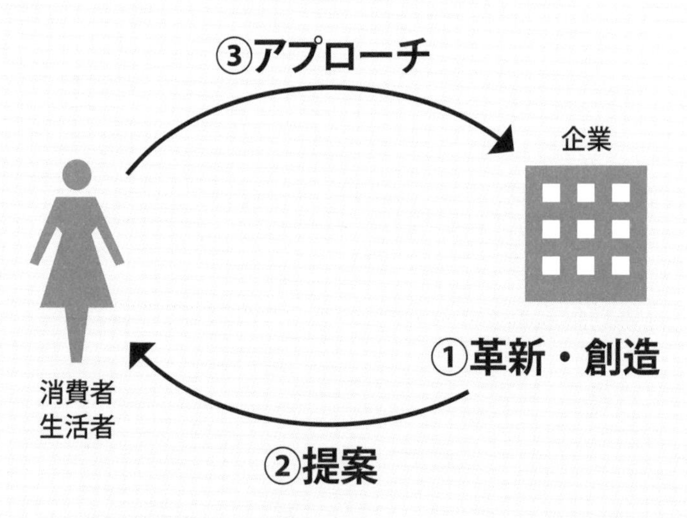

①企業自身が常に革新（イノベーション）をおこない、②今までなかった新たな商品を開発・提案することで、③積極的に売り込まなくても顧客がアプローチしてくる。

理解が深まるPoint!

実際のマーケティング活動にはこの2つが含まれていて、市場＝顧客のニーズ（顕在・潜在）をつかみ、先回りして商品開発をおこなうことで、企業そのものの革新が生まれていく、そのようなプロセスが大切です。

1-2

「大きな山を制覇するため」にはいくつものアプローチの方法がある

富士山には様々な登山ルートがありますが、マーケティングを富士山にたとえると、大きく８つのアプローチの道があります。それはそのまま、市場や顧客をとらえる道＝売上や利益を獲得していく道筋でもあります。

●８つのマーケティング・アプローチ

①戦略的マーケティング　考え方・フレームで儲ける

②カスタマーマーケティング　「顧客の力」で儲ける

・顧客（市場）を知る／顧客を決める（ターゲット）／顧客をファンにする

③プロダクトマーケティング　「商品の力」で儲ける

・商品とは何か／商品開発とチャネル／マーチャンダイジング

④ロケーションマーケティング　「場所の力」で儲ける

・まちを知る／商圏を知る／立地を決める／店をつくる

⑤プロモーションマーケティング　「関係の力」で儲ける

・ブランディングで売る／宣伝・販売促進で売る／営業・接客で売る

⑥デジタルマーケティング　「デジタルの力」で儲ける

・デジタル世界を知る／デジタルメディアで売る／ネット通販で売る

⑦ソーシャルマーケティング　「社会の力」で儲ける

・ＣＳＲ／ＣＳＶ／ＳＤGs／社会課題とマーケティング

⑧パーソナルマーケティング　「自分の力」で儲ける

・自分を知る／売りを知る／アクションを起こす

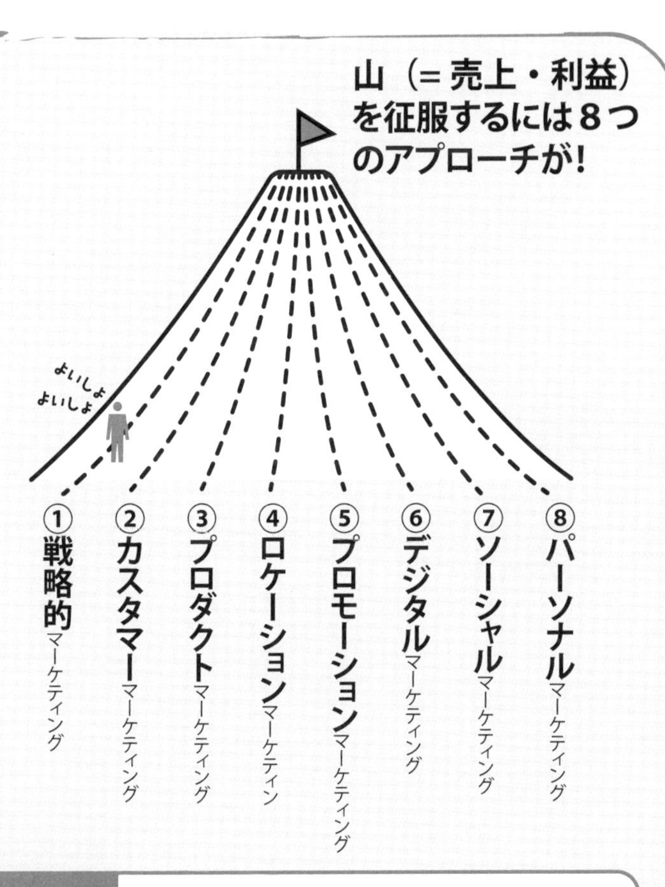

理解が深まるPoint!

上のそれぞれのアプローチは「視点」なので、具体的な手法や要素では重なってくることもあります。取り組み主体が「製造業メーカー」か「小売業」か、によっても違います。

1-3

実際のマーケティングの取り組み方とは何か

マーケティングの取り組みには大きく３つのステップがあります。
①自社内外の環境をとらえて戦略（作戦）を練り
②コンセプトを明らかにして
③具体的な取り組みに落とし込みます。

ステップ①戦略をいかに練るか

3C分析

Consumer
消費者
お客様は
何を求めているか？

Competitor
競争相手
ライバルに
勝てるのか？

Company
自社
自分の強み
をどう活かすか？

SWOT分析

	＋面	－面
内部環境（資源）	強み・得意 Strength	弱み・不得意 Weakness
外部環境	機会・チャンス Opportunities	脅威 Threat

ステップ②コンセプトをどのように決めるか

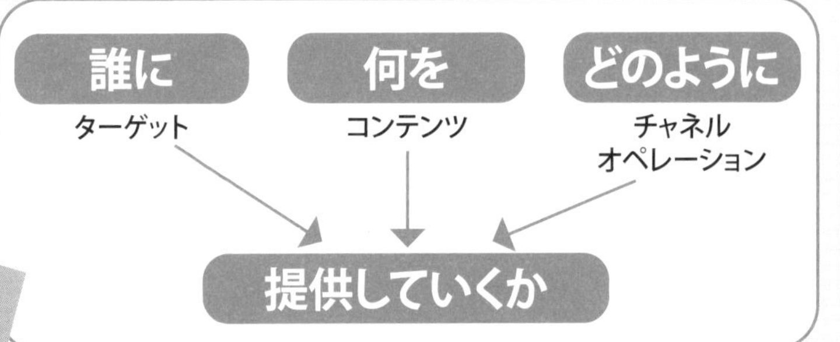

ステップ③4つのPをどう組み合わせて提供するか

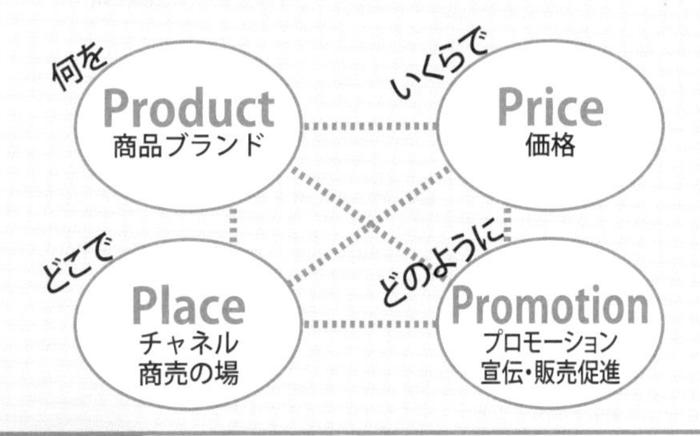

理解が深まるPoint!

①の環境分析には様々な手法がありますが、この２つが代表的です。
②コンセプトは単なる「キャッチコピー」ではなく、ステップ③の取り組みに落とし込んでいける、深みのあるキーワードであることが必要です。

1-4 自社・自店の置かれた状況を把握することからマーケティングははじまる

マーケティングの戦略（作戦）を練るには、まず自社・自店・自社製品が置かれた状況や、そこでの強み・弱みを冷静に分析します。それはSWOT分析と呼ばれる方法が有効です。

SWOT分析

	＋面	ー面
内部環境（資源）	強み・得意 Strength	弱み・不得意 Weakness
外部環境	機会・チャンス Opportunities	脅威・ピンチ Threat

クロスSWOT分析

	Strength（強み）	Weakness（弱み）
Opportunities（機会）	機会×強み 自社の強みを機会に活かし大きく成長する	機会×弱み 弱みを補強して機会に活かせるように対策する
Threat（脅威）	脅威×強み 強みを活かし脅威を避けたり機会として活かす	機会×弱み 弱みを理解し脅威を避けたり影響を最小限にする

理解が深まるPoint!

SWOT分析はとても有名ですが、単に強みや弱み、機会や脅威を出すだけでなく、上記のようにこれを掛け合わせることで、自社の今後の生き方（行き方）を導き出すことができます。

1-5

自社・自店・自社製品の「コンセプト」がマーケティングに大切な理由

コンセプトとは、単なるキャッチコピーのことではなく、自社や自店、ブランドや製品（商品）の「生き様」を表したものです。3つの要素（誰に・何を・どのように提供するか）を考えぬいたうえで、社会に対して何を打ち出していきたいのかを端的に表現します。

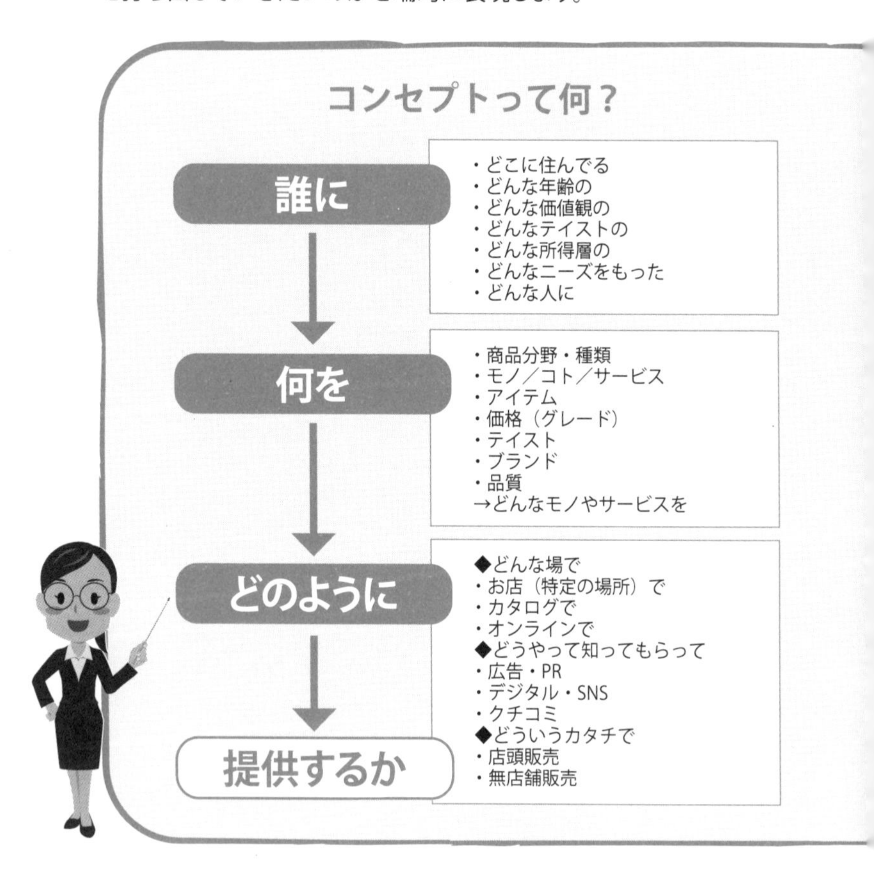

例えば、ユニクロのコンセプトは？

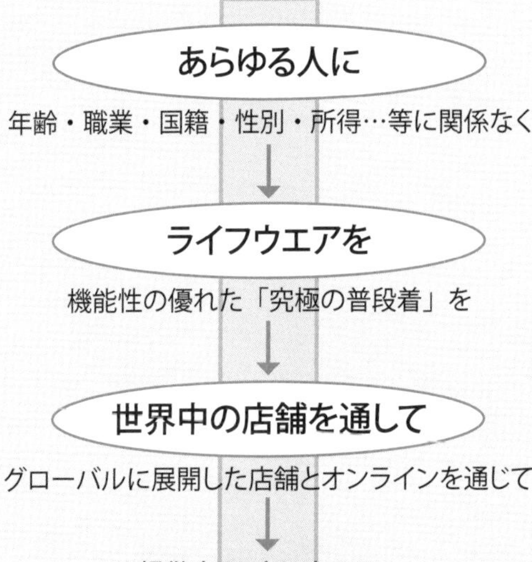

服を変え　常識を変え　世界を変えていく

理解が深まるPoint!

たとえば、ユニクロのコンセプトは、「服を変え　常識を変え　世界を変えていく」ために目の前の仕事をどう進めるべきか、全社員が考えるための指標になっています。それは単なる抽象的な文言ではなく、社会に対して、また社内で働くすべての人にとっても行動の指針になるものです。

1-6

具体的な行動を起こすための「4つのP」の組み合わせ方とは

マーケティングを具体的にアクションに移す要素として４つのＰがあります。この４つをどのように最適にミックスして行動に移すか（＝マーケティングミックス）が、とても重要です。

４つのＰの要素

Product
商品・ブランド

どんな商品（製品）を
どういうコンセプトで開発し
どういう生産システムで製造し
どんな価格で
どういう構成で
どこから調達してくるか?

Price
価格

Place
チャネル / 店舗

【メーカーの場合】
どんなルートで
どんな条件で
どういう流れで
売っていくか

【店舗の場合】
どこのまちの
どんな立地に
どんな規模で
どういう雰囲気で
売る店を作るか

どういう広告で
どうやって集客し、
どういう販売方法で
どんなサービスで
どういう売り方で
売っていくか?

小売店の場合

具体的な取り組みに落とし込むとどうなる？

①商品の調達・手配
- モノづくり、サービス開発
- 仕入計画、商品調達

②チャネル（店舗・売場）づくり
- 店舗チャネル・無店舗チャネル
- 店づくり（立地・建物・中身）

③広告・認知・集客の実施
- マス媒体
- デジタル媒体
- クチコミ

④営業・販売の実施
- 店頭販売
- 営業活動

⑤運営・マネジメントの実施
- ヒト・モノ・カネ・場所・トキ

理解が深まるPoint!

マーケティングミックスの重点の置き方は業種・業態や市場特性で様々ですが、小売業では上記の５つがあります。さらに、この５つをすべて貫くものとして、「デジタルマーケティング」（後述）がとても重要になっています。

1-7

【ワーク !!】ディズニーランドのＳＷＯＴ分析をやってみよう

この章の最後に、ディズニーランドのＳＷＯＴ分析をやってみましょう。左の文章をもとに「強味」「弱み」「機会」「脅威」を抽出して書き出します。そしてその４つをさらに掛け合わせることで「クロスＳＷＯＴ分析」を完成させ、ディズニーランドの課題と方向性を考えてみましょう。

事例研究

①東京ディズニーランドは、**みんなが知っている**テーマパークだ。
②**ブランド力も高く、熱烈なファンもたくさんいる**ことがディズニーランドの強み。
③ディズニーには熱狂的なファンがいる一方で、**年間の来場者数が減っている**事実もある。
④パスポートチケット代の値上がりに比例するように、**来場者数が減少**している。
⑤ディズニーランドは開業してから37年を超え、**アトラクションの老巧化**が進んでいる。
⑥その設備のメンテナンス費や新しいアトラクションの新設のために**コストがかかる。**
⑦学生向けに割引チケットを販売したり、日本初のイベントやショーを企画するなど**趣向を凝らして来場者数を回復させよう**としている。
⑧施設が浦安１か所しかなく、**自然災害のリスク**がある。
⑨USJ（ユニバーサルジャパン）をはじめ、**テーマパークが増えている。**
⑩USJが最近、アトラクションを新しくしている。
⑪**外国人観光客が増えていて**、世界中からディズニーランドファンがやってくるかもしれない。

【プラス面】【マイナス面】

内部環境	強み-Strength- ① ②	弱み-Weakness- ④ ⑤ ⑥
外部環境	機会 -Opportunity- ⑦ ⑪	脅威 -Threat- ③ ⑧ ⑨ ⑩

【クロスSWOT分析】

		内部環境	
		強み-Strength- ① ②	弱み-Weakness- ④ ⑤ ⑥
外部環境	機会 -Opportunity- ⑦ ⑪	強み×機会	弱み×機会
	脅威 -Threat- ③ ⑧ ⑨ ⑪	強み×脅威	弱み×脅威

理解が深まるPoint!

SWOT分析は、単に強みや弱み、機会や脅威を出すだけでなく、【クロスＳＷＯＴ分析】のようにこれを掛け合わせることで自社の今後の生き方（行き方）を導き出すことができます。

コラム◆「マーケティング」は世に連れ、世は「マーケティング」に連れ

マーケティングのとらえ方は、その時代や社会の要請（求め）に応じて常に変化してきました。

❶１９５０年代～６０年代の成長経済の時代には、製品ライフサイクルにもとづく**４Ｐ**やマーケティングミックスが、

❷１９７０年代以降の成熟経済の時代には、**ターゲティング**や**ポジショニング**による絞り込みのマーケティングが、

❸１９９０年代から２１世紀にかけては、大量生産・大量消費・大量廃棄という経済成長の限界から、地球環境問題を包含する形で**ソーシャル・マーケティング**や社会的責任のマーケティングが、クローズアップされるようになりました。

デジタル技術が進展し、これがマーケティングやビジネス（オンラインショップ・Ｅコマース）に応用された現代は、**デジタル・マーケティング**という形で、生活者・ユーザーの実際の行動履歴をもとにした「データドリブン・マーケティング」が主流になっています。本書では様々な観点からマーケティングを解説しますが、根本は、**どれだけ顧客・生活者の立場に立ったモノやサービスを生産・流通させられるかに尽きます。**「〇〇マーケティング」という言葉にとらわれすぎることなく、本質を追求しましょう。

第2章
「顧客創造力」で儲ける
《カスタマー・マーケティング講座》

◎市場・顧客を知るにはどんなマーケティングを実行するのか

2-1

5つの視点から市場・顧客を知ることができる

市場や顧客をとらえる方法はいろいろありますが、5つの視点から調べたり考えたりするのがいいでしょう。細かい数値データはすぐにわからなくても、この5つの視点を持っているだけで、常日頃からいろいろな情報が目についたり、引っかかってくるようになります。そうなることがマーケッターの第一歩です。

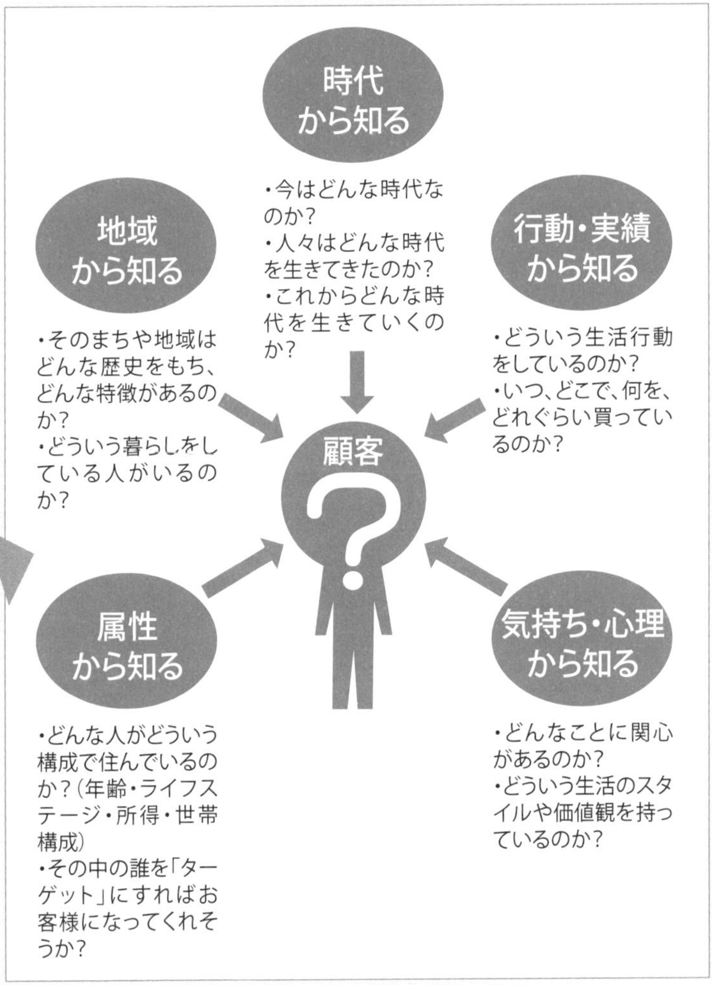

時代
から知る

・今はどんな時代なのか？
・人々はどんな時代を生きてきたのか？
・これからどんな時代を生きていくのか？

地域
から知る

・そのまちや地域はどんな歴史をもち、どんな特徴があるのか？
・どういう暮らしをしている人がいるのか？

行動・実績
から知る

・どういう生活行動をしているのか？
・いつ、どこで、何を、どれぐらい買っているのか？

顧客

属性
から知る

・どんな人がどういう構成で住んでいるのか？（年齢・ライフステージ・所得・世帯構成）
・その中の誰を「ターゲット」にすればお客様になってくれそうか？

気持ち・心理
から知る

・どんなことに関心があるのか？
・どういう生活のスタイルや価値観を持っているのか？

今と未来を知るためには「現状を把握する視点」が大切

４つの観点（政治・社会・経済・技術）から現状を把握し、将来を予測します。たとえばこれからの日本は人口減少と少子高齢化が同時に進んでいきますが、それが人々の収入や消費に大きな影響を与えていくことは間違いなく「見えている未来」です

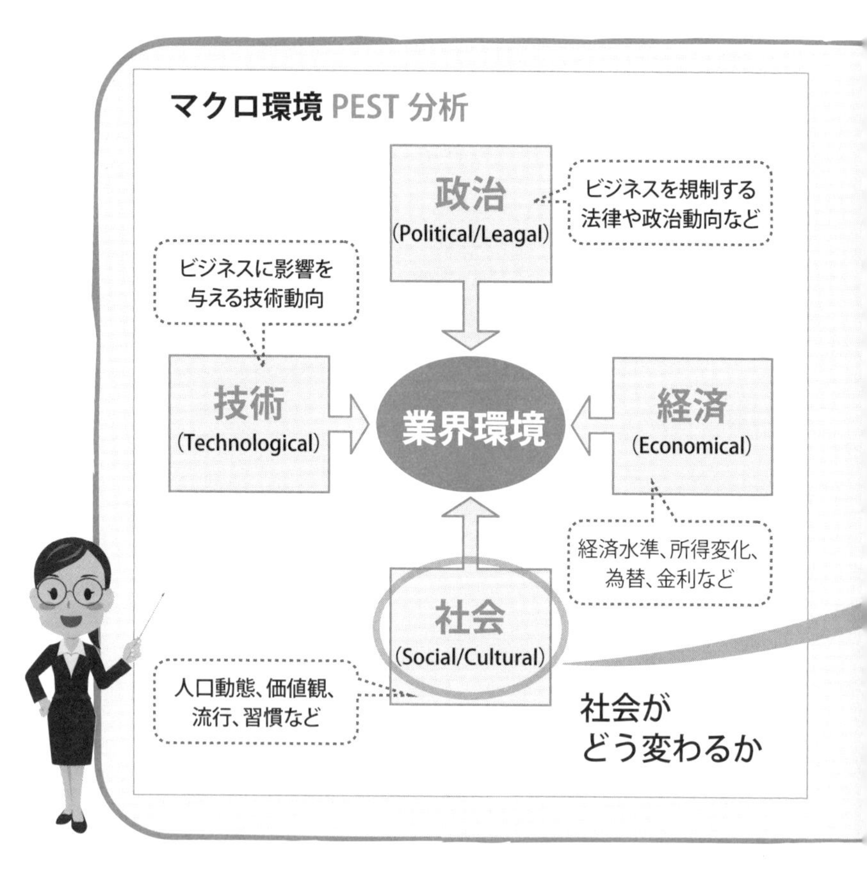

未来の人口はどうなる？（高齢化の推移と将来推計より）

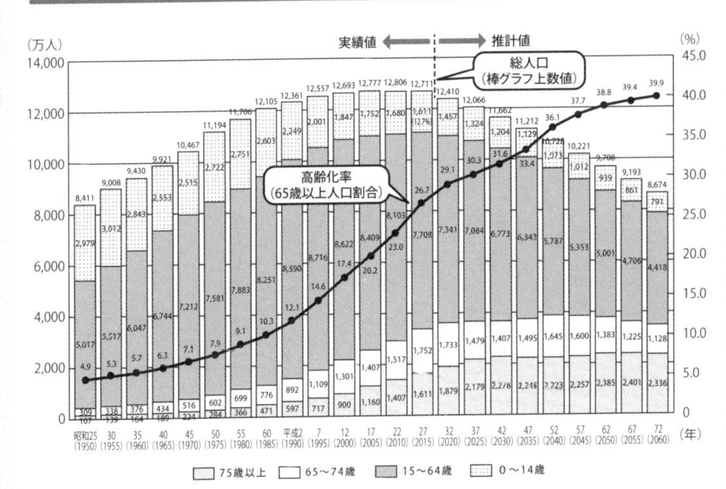

資料：2010年までは総務省「国勢調査」、2015年は総務省「人口推計（平成27年国勢調査人口速報集計による人口を基準とした平成27年10月1日現在確定値）」、2020年以降は国立社会保障・人口問題研究所「日本の将来推計人口（平成24年1月推計）」の出生中位・死亡中位仮定による推計結果

（注）1950年～2010年の総数は年齢不詳を含む。高齢化率の算出には分母から年齢不詳を除いている。

●出典：平成28年版高齢社会白書より

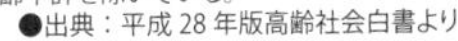

- 総人口の減少
- 高齢化の増加
- 少子化

➡この3つが同時に進んでいくとどうなるか？

世代がわかると「市場」と「顧客」が見えてくる

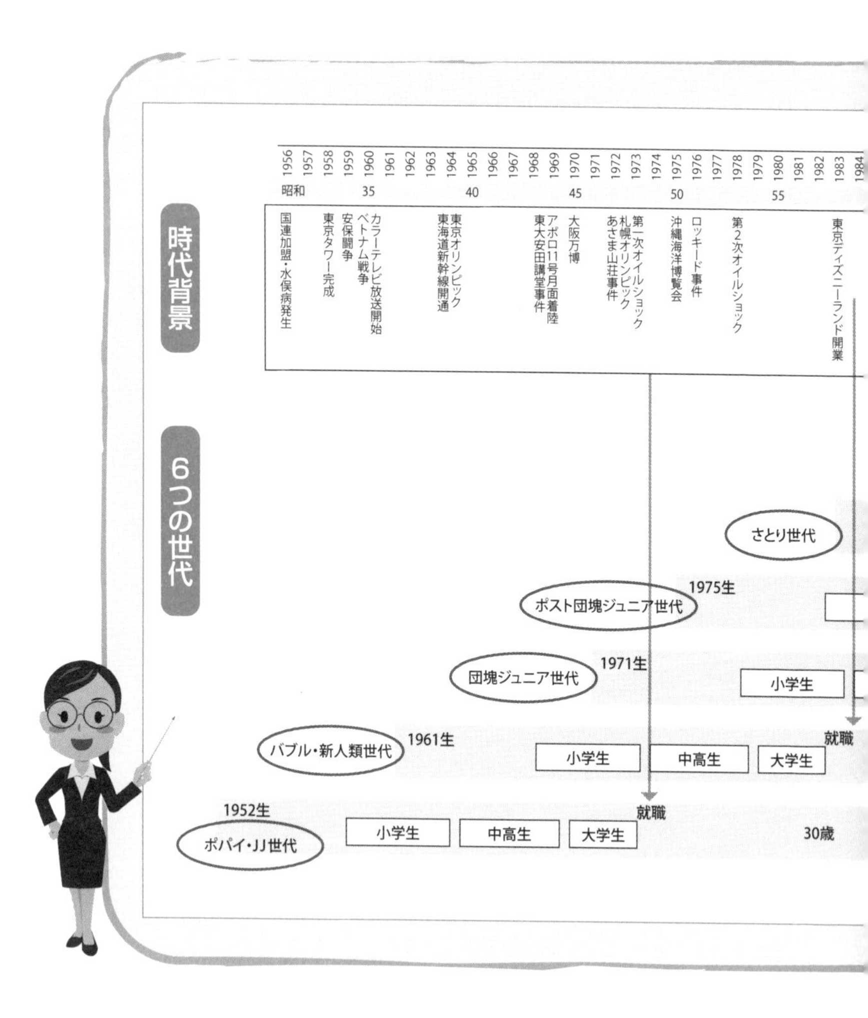

たとえば、高度成長の時代にバリバリ働いた世代と、就職氷河期でその後も「右肩下がり」の世代とでは、モノのとらえ方や消費の傾向が全く違います。「何歳の時にどんな世の中で、何が起きていたのか」によって人の考え方や物事のとらえ方が変わり、それが「世代」を形成していくのです。

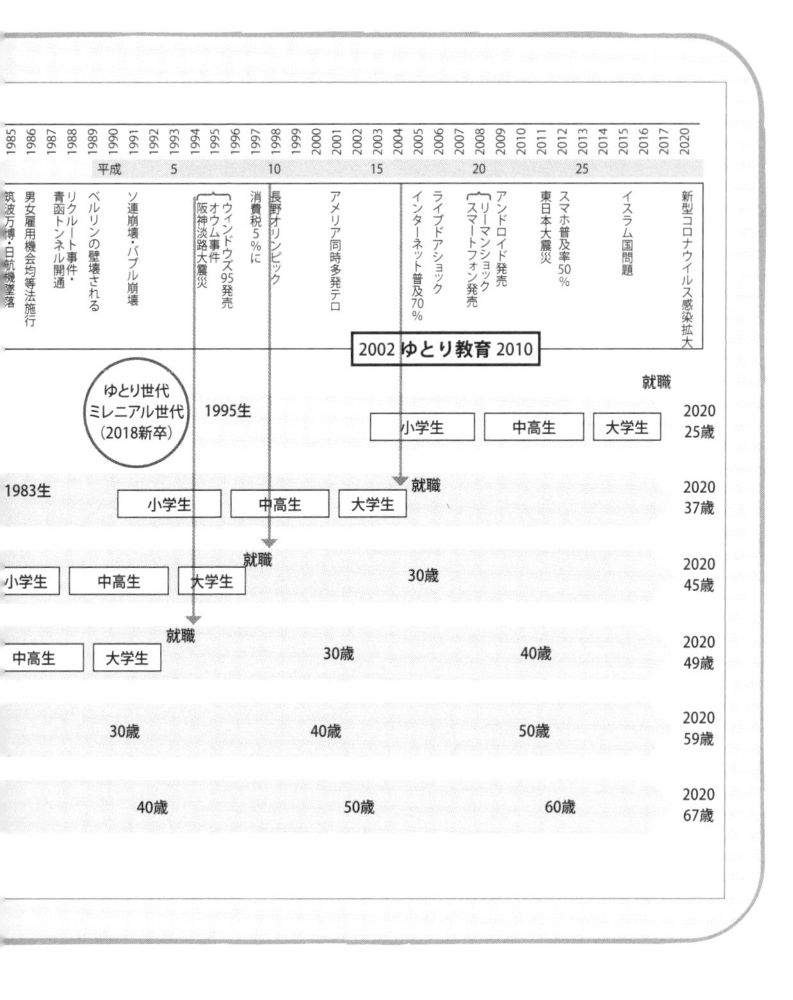

アンケートで得たことを「どう活かしていくか」が顧客理解のカギ

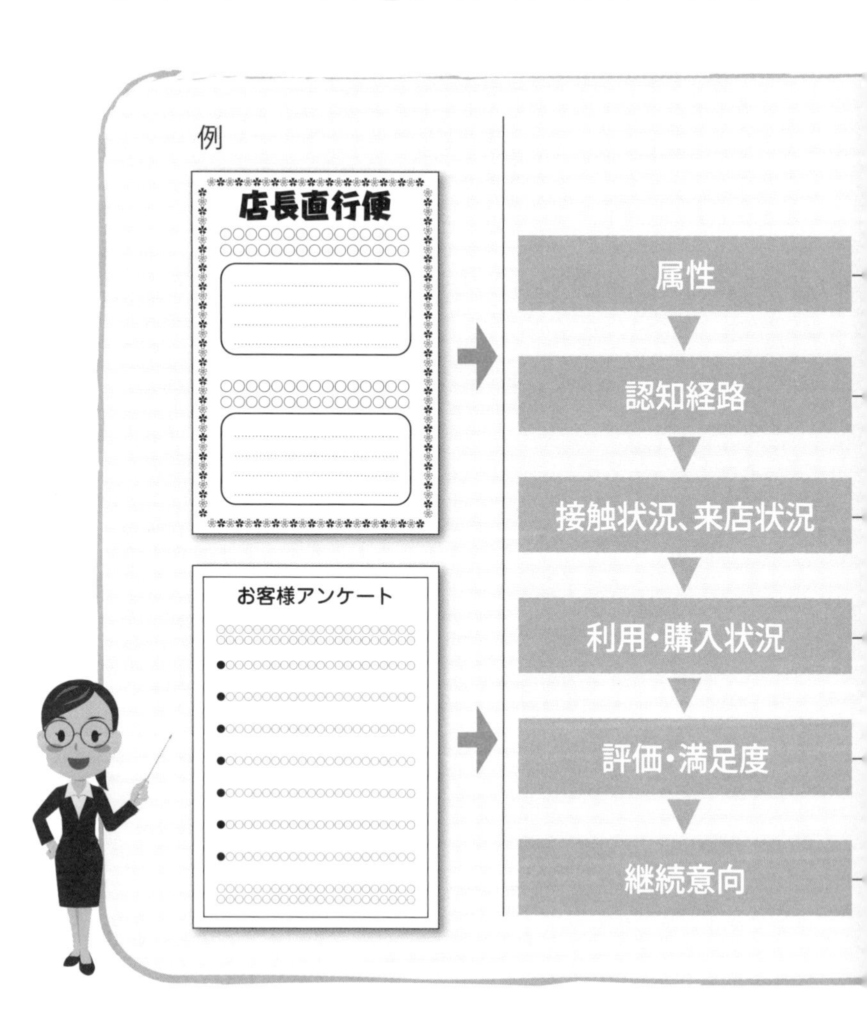

スーパーやファミレスでよく見かけるアンケートですが、ちょっと工夫するだけでいろいろことがわかります。ポイントは、知りたいことは何か、だけでなく、知ってどうするか、どうアクションをしていくかを想定したうえで、質問項目を組み立てることです。

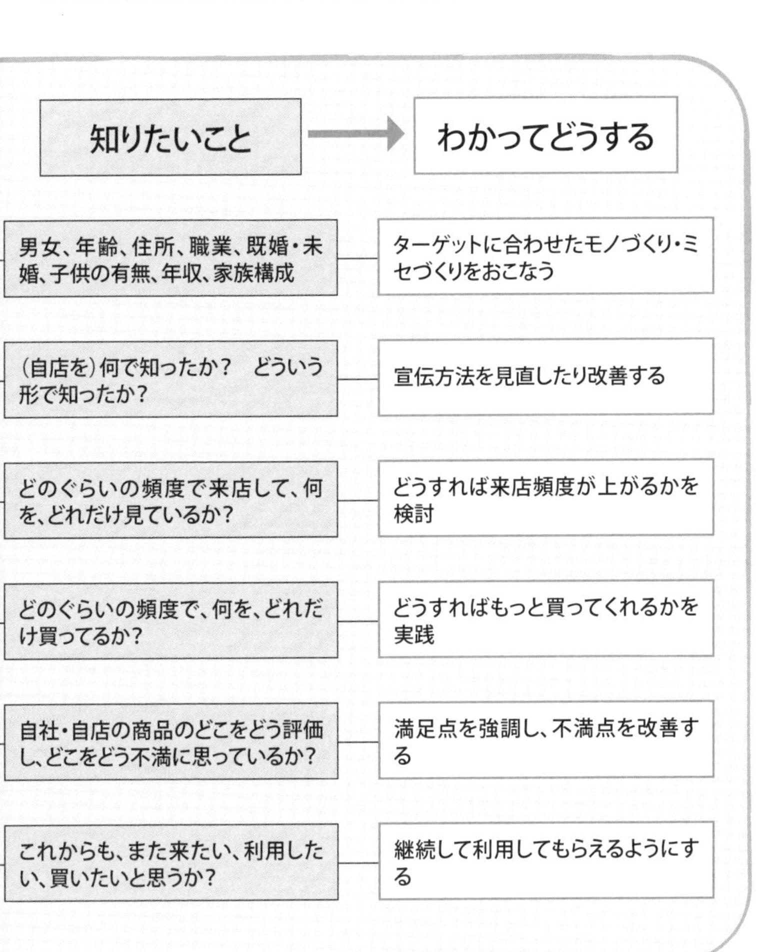

2-5

マーケティングで欠かせない顧客を知るためのインタビューの進め方

グループインタビューの進め方

司会者（モデレーター）

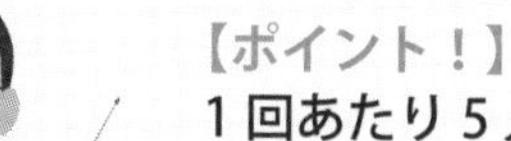

【ポイント！】

1回あたり5人が限界と言われています。

【ポイント！】

グループではなく
1対1で聞くやり方（デプスインタビュー）を行うと、
より深く知ることができます。

メーカーでも小売業でも、ユーザー（お客様）の声を直接聞く場面は大切です。調査主体を明かさず、自由な雰囲気で率直なご意見を聞くためには、質問事項の入念な組み立てをおこなって実施しますが、司会者（モデレーター）の力量がとても重要です。

「店舗でのお買物についての座談会」の進行案

①ラポール形成 （信頼関係を築く） 趣旨説明 自己紹介 ・ハマッテいること	10分	状況の共有、場を温める 参加者の基本的な理解
②普段の行動 生活全般 よく行くまち	10分	被験者の重視ポイント、発言の傾向を理解するベース
③買物行動 ・食品 ・衣料品 ・家庭用品・生活用品 ・家電その他 ・趣味関係 ・その他	30分	自店に関係なく、買物全般について聴き取る どんな状況やニーズの時に、どこに行って（どうサイトを調べて）、どこで、どういう形で購入に至っているか？
④自店での行動 ・情報接触（チラシ・ＨＰ等） ・来店状況 ・利用状況	30分	各被験者の全体の行動の中で、自店はどう位置付けられ、どう利用されているか、いないか？ どういう「引っ掛かり」ポイントがあるか？
⑤満足度 ・よかった体験 ・嫌だった体験	20分	忌憚なく本音を聞き出す
⑥提言 ・こうしてほしい ・これはやめてほしい	20分	自店への思いがあるかどうかを冷静に聞き取る

2-6

誰をターゲットにするかで売り方がまったく違ってくる【STP分析】

Segmentation
セグメンテーション
様々な基準で、
市場・顧客を分ける

Targeting
ターゲティング
分けた中の一部に
狙いを定める

分ける基準は？

地域・エリア

国内／海外、都市／郊外／地方、○町○丁目……

人の属性

男女・年齢・職業・家族構成・所得……

人の心理・志向

流行感度、こだわり、自然志向、ライフスタイル……

行動・購買実績

認知・接触、反応、会員登録、購買、拡散……

店舗も商品もブランドも、「誰を」ターゲットにするかによって売り方が全く違ってきます。まずは市場・顧客を様々な基準で分け（セグメンテーション）その中のどこを狙うかを定めます。そして市場の中での位置づけと、自社製品・ブランドの強味を明確にしていきます。

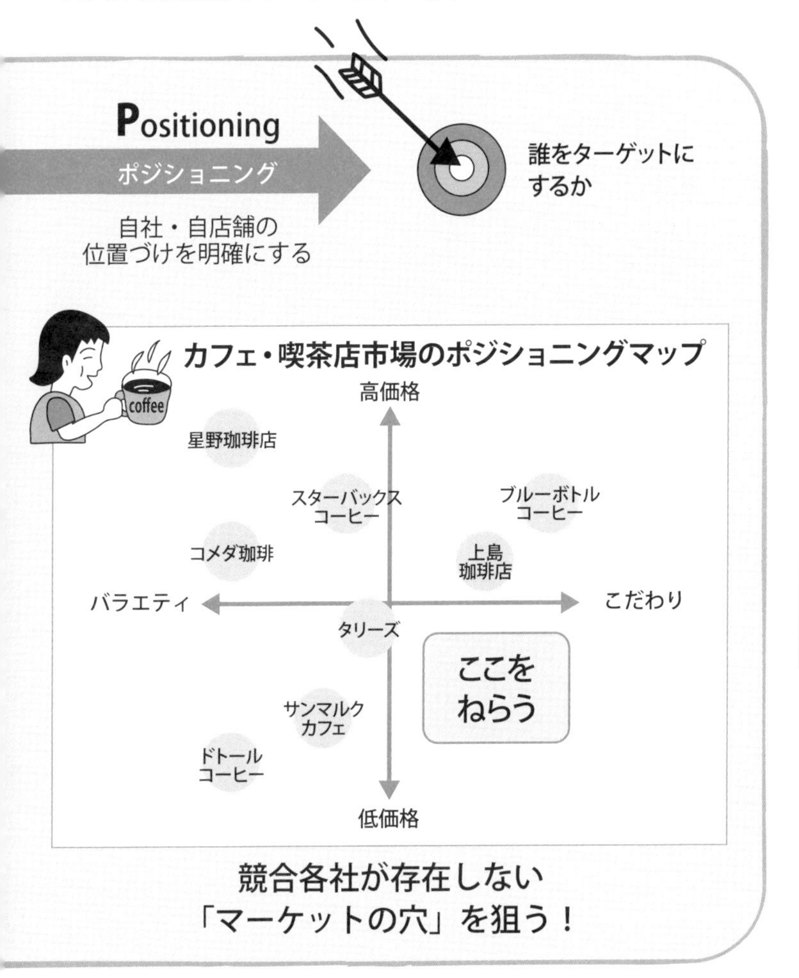

2-7

たとえばコーヒー飲料の市場はどうセグメンテーションしてターゲットを決めるのか

コーヒー飲料の分野で、市場をどのようにセグメントし、ターゲットを決めるのかを見てみましょう。以下のように、飲む場面や飲む人、またコーヒーの種類によって「コーヒー」という市場全体を分け、商品コンセプトを明確化して4P（項目 P.50 参照）をおこなうことで、効果的なマーケティングが可能です。

オフ（プライベート）市場

オン（仕事用）市場

作業現場

オフィスワーク

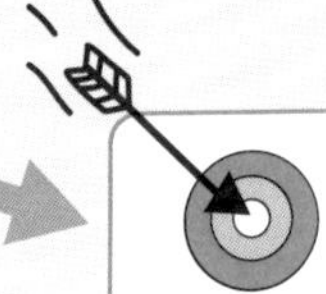

コンセプトを明確にして
ターゲットを決める

2-8

“自社製品”に共感し、応援してくれる顧客を増やすには何をしたらいいのか

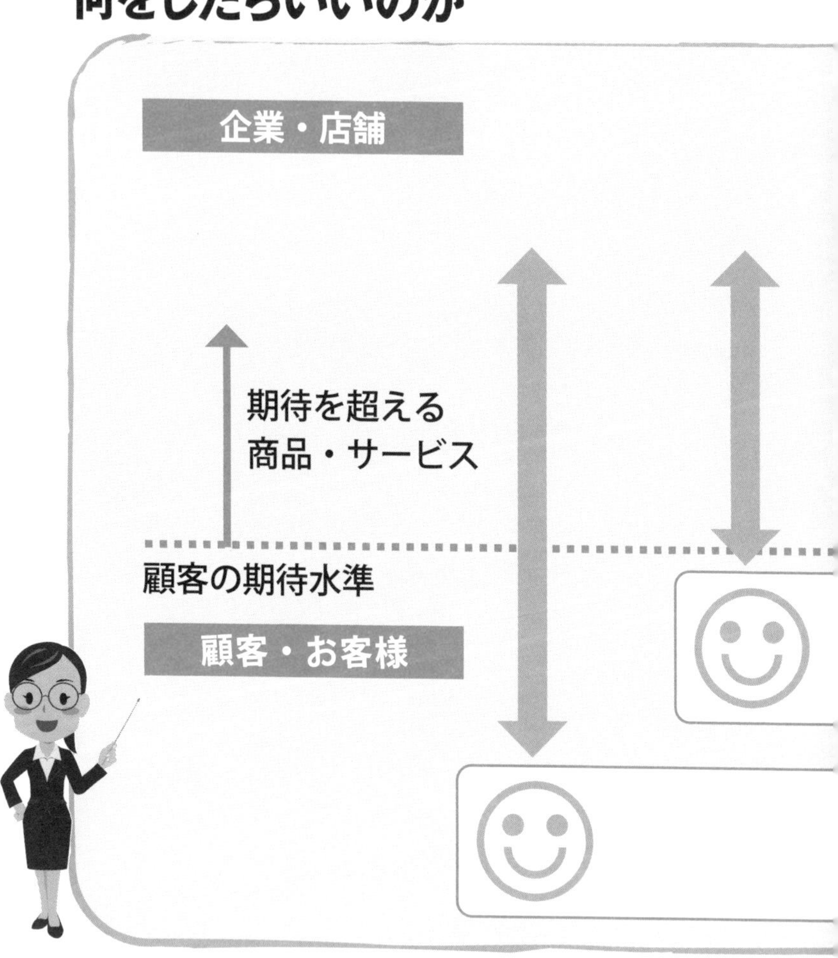

カスタマーマーケティングの目的は、いかに自社製品・ブランドのファンを作るか、ロイヤリティの高い顧客を増やすかにかかっています。顧客ロイヤリティにはレベルと段階がありますが、最終的には自社製品・ブランドに共感し、応援してくれる顧客をどれだけ作れるかとても大切です。

「共感・フリーク」レベル

Ex. ないと困る、応援したい、人に薦めたい、一緒に会社(ブランド)をよくしていきたい

「期待を超える満足」レベル

Ex. そこまでしてくれるとは思わなかった
こんないい商品だとは思わなかった

「期待価値の充足」レベル

Ex. 思った通りの商品・サービスだった

「基本価値の提供」レベル

Ex. 家の近くの店だから利用した

2-9

顧客のランクによって打つべき手だてを変えることで、顧客ロイヤリティを高める

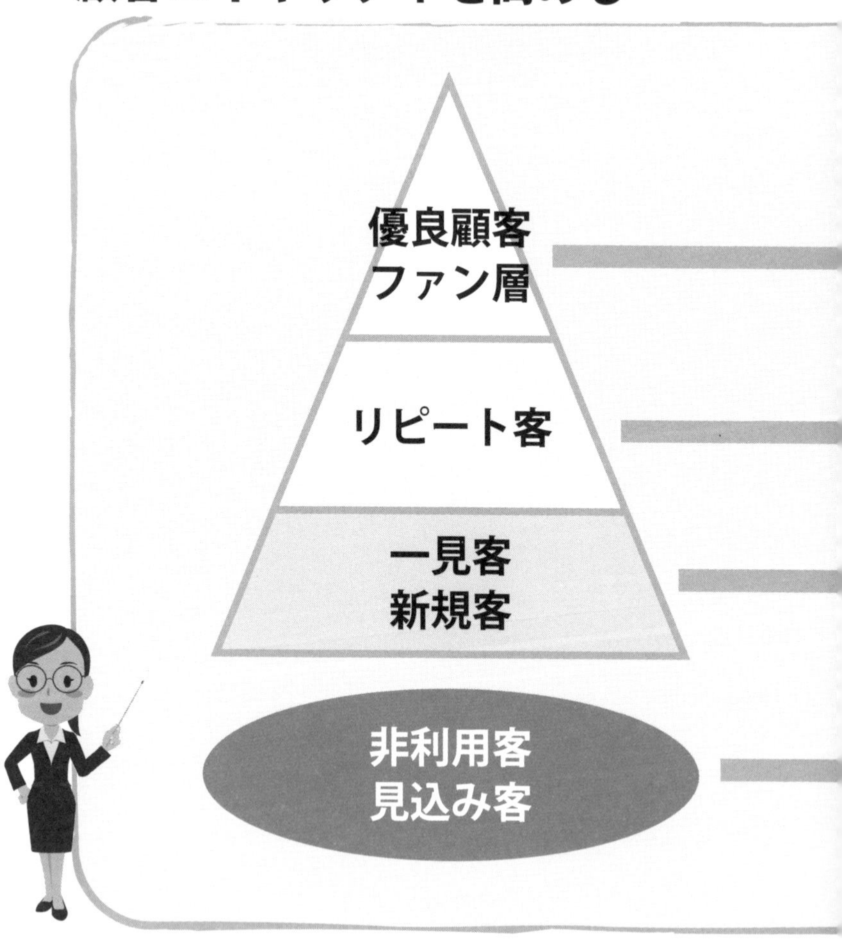

顧客満足は、顧客の構造とリンクします。自社（ブランド）や自店の購買実績客は、ちょうどピラミッドにように、上位客から下位客までが並んでいます。それぞれのロイヤリティ＝購買ランクによって、こちらからの働きかけを変えていくことで、より上位へと顧客ロイヤリティを上げていくことが重要です。

打つべき手だて

→ さらなる優良化に向けて、顧客一人一人に合わせたきめ細かい声掛け、情報提供など、1：1（ワンツーワン）でのマーケティングを実施

→ 離脱防止と利用回数のアップのために接触頻度・購買頻度に応じたサービス（ポイント、プレミアム等）をおこない、さらなるアップをはかる

→ 1回を2回、2回を3回へと、利用回数を増やしていくきっかけづくりをおこなう

→ マスプロモーションによる認知向上と利用・購買促進をはかる

優良顧客の見つけ方【デシル分布】

たとえば2億円の売り上げを1万人のお客様で作っているショップがあり、顧客一人ひとりの買い上げ金額がわかっているとします。買上金額No. 1 から並べて、1000人ずつのグループにして購買金額を足しこんでいくと、上位20%の顧客でショップ全体の売上の80%を占めています(20－80の法則)。これをもとに、買上金額のレベルによって、手の打ち方を変えていくのがロイヤリティ・マーケティングの基本です。

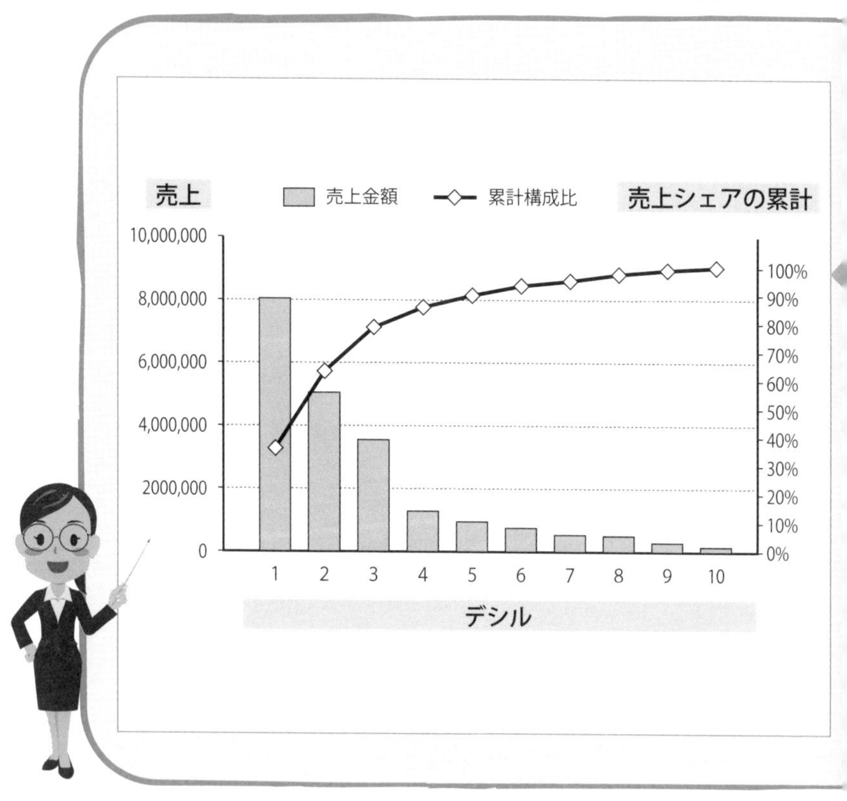

デシル分析

デシルランク	顧客数	購入金額累計	構成比	累計比
デシル1	1,000	109,000,000	54.5%	54.5%
デシル2	1,000	46,000,000	23.0%	77.5%
デシル3	1,000	17,000,000	8.5%	86.0%
デシル4	1,000	9,000,000	4.5%	90.5%
デシル5	1,000	6,600,000	3.3%	93.8%
デシル6	1,000	4,900,000	2.5%	96.3%
デシル7	1,000	3,000,000	1.5%	97.8%
デシル8	1,000	2,000,000	1.0%	98.8%
デシル9	1,000	1,400,000	0.7%	99.5%
デシル10	1,000	1,000,000	0.5%	100.0%
合計	10,000	200,000,000	100%	

※数値は参考値

どの階層に属するお客様かによって、
手の打ち方がちがう！

最上位の1000人は、名前と顔を覚え、顧客ごとのカルテを作って、接客内容や買い上げを記録する

中間ランクの方々には、もっと来て、買ってもらえるような策を打つ　Ex.新製品紹介／セール／クーポン

下位のグループの顧客には、1回でも多く利用・購買していただけるきっかけとなる"声掛け"をおこなう

2-11 どのお客様が一番「大切」ですか？【RFM分析】

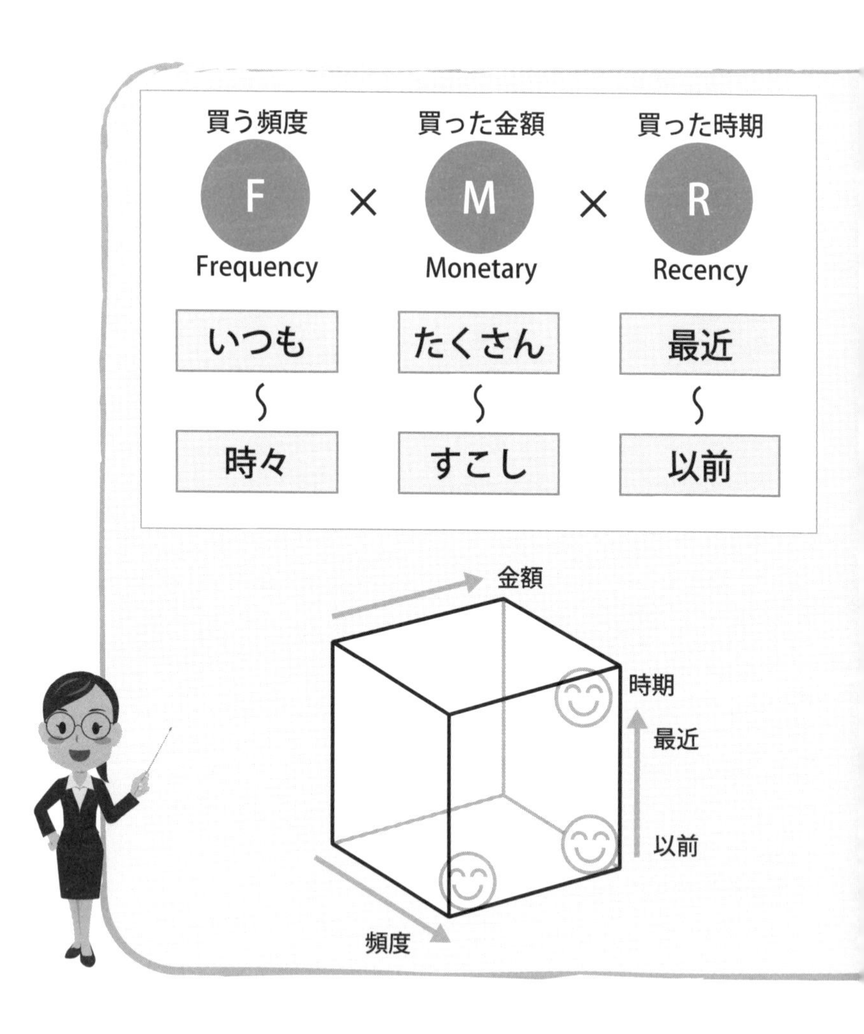

たとえば、年間120万円買うお客様について、1日で120万円買う方と、月々10万円ずつ12回買う方では、買上げ金額は同じでも、全く「購買行動」が違います。ＲＦＭ分析とは、買物の「頻度」「金額」「時期」の３つの観点からお客様の行動を把握し、特性に応じた手を打つことで、よりたくさん買ってくれるお客様へと顧客育成するための方法です。

【８通りのお客様のタイプ】

①いつも　たくさん　最近……優良顧客

②いつも　たくさん　以前……離反顧客

③いつも　すこし　最近……新規常連顧客

④いつも　すこし　以前……休眠顧客

⑤時々　たくさん　最近……オケージョン優良客

⑥時々　たくさん　以前……離反顧客

⑦時々　すこし　最近……新規ポテンシャル客

⑧時々　すこし　以前……離反顧客

コラム◆データドリブンマーケティング〜〜ターゲティングの罠〜

レディースのファッションブランドを立ち上げるときは、その服や雑貨を身に着けてほしい「ターゲット」について、実に細かく想定します。年齢や職業、年収はもちろんのこと、どこでどんな家に住み、誰と暮らして、何を食べ、何が好きで何が嫌いか、どんな顔をしていて何にお金を使っているかなど、考えつくイメージを組み立て（これをペルソナといいます）、デザインとコンセプトを作り上げる。そうすることでそのブランドの思いが明確になり、アイテム構成、ＣＭキャラクターや店ショップデザイン、スタッフのビジュアルや接客スタイルまでが統一されるのです。

しかし、実際に30歳向けのブランドを買うのは40代、50代、時には60代の人かもしれません。女性は実年齢よりも若いブランドを好むので、データ分析すると必ずといっていいほど、ターゲットよりも実際の購買客の年齢は高くなります。

データドリブンマーケティングとは、顧客の行動履歴（アクセスや購買の実績）をもとに次のアクションを促すというものですが、データ重視だけではブランドコンセプトは崩れていく、しかしコンセプトだけでは実購買を取り逃がしてしまう、という関係にあります。両者の程よい関係が大切です。

第3章
「商品力」で儲ける
《ブランド・マーケティング講座》

◎ブランドが強いと楽な商売ができるようになる⁉

3-1

4つの「P」をどう組み合わせるか

ここからプロダクト・マーケティング（製品・商品を通じたマーケティング）に入ります。一般に「マーケティングの４Ｐ」と呼ばれるものがあります。これは、マーケティング活動の中心となる４つの要素を表したものです。

Product 製品・商品・サービス
＝どういう商材を

Price 価格
＝いくらで

Place 場所
＝どんな販売ルートや
チャネルを使って

Promotion 宣伝・販売促進
＝どうやって人々に知らせて、
買いたい気持ちにさせることで

売っていくか

理解が深まる Point!

第2章で決めたターゲットをもとに、この4つの要素を組み合わせることによって、最適なマーケティング活動、つまり「売る」ための活動をおこないます。

3-2 Product

商品（製品）の種類によってマーケティングは違ってくる！

資本主義社会ではあらゆるものが「商品」ですが、商品には以下のような種類があります。中でも消費財は、購入頻度や価格、購入のための客の努力の度合いによって、３つに分かれます。

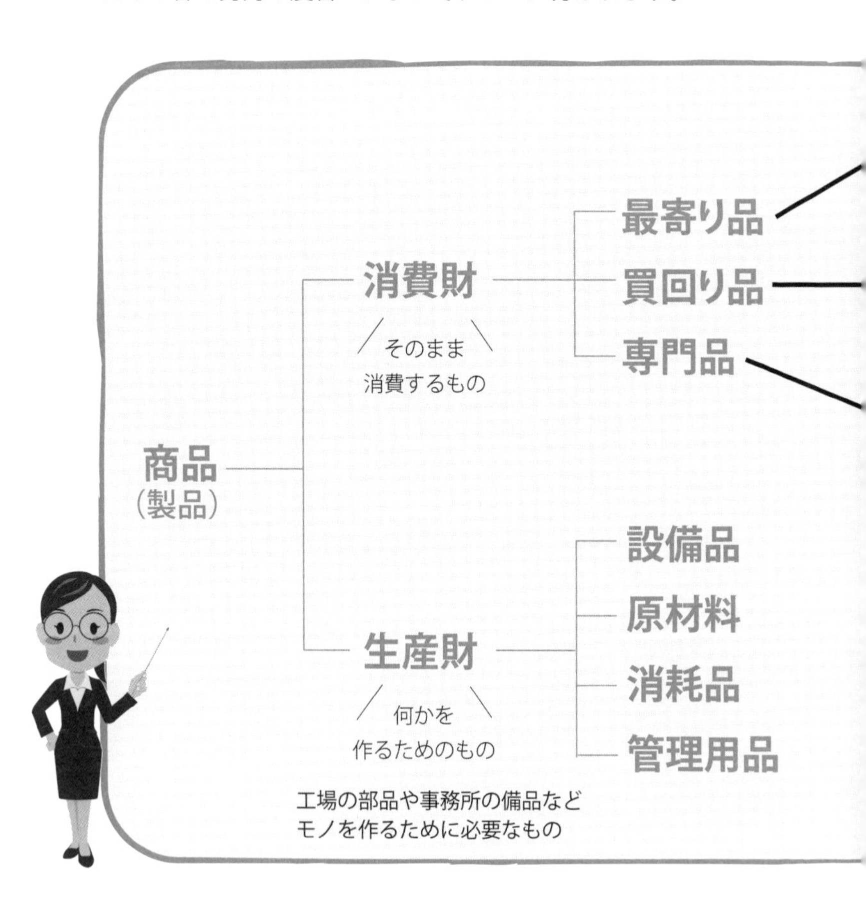

	購入態度	頻　度	価　格
日常的に最寄りの店で買うもの	習慣的 衝動的	高い	安い
あちこちを見て回り、比較しながら買うもの	比較 検討	時々	中位
特別の機会に労を惜しまず買い求めるもの	計画的	低い	高い

理解が深まるPoint!

買回り品と専門品の区別があいまいな場合もありますが、専門品とは「一生の間に何回買うか」という点で買回り品と異なります。これら商品の特性をふまえて、効果的なマーケティング活動をおこなっていきます。

3-3 Product

目に見えなくても「商品」です！

→サービス商品

商品は目に見えるモノだけではありません。美容院や旅館、クリーニングなど、目に見えない商品は「サービス商品」と呼ばれ、4つの特性があります。

♥サービス商品とは

- 主体的サービス…サービス業のサービス
  （理美容・旅館・クリーニング等）
- 付随的サービス…商品販売に付随したサービス
  （アフターサービス・修理など）

♠「サービス商品」の特徴

無形性

形がない。
＝買う前に確認
できない
Cf 試着

生産・消費の同時性

やり直せない。
その場にずっといないと買えない
Ex ヘアサロン

異質性

質が標準化できない。
バラバラ
Cf 工業生産品

消滅性 不可逆性

終わったら消える。
元に戻せない。
在庫できない
→混雑・集中

理解が深まる Point!

サービス商品はこうした特性から、管理やコントロールが困難ですが、サービス商品を生み出す人や組織や仕事の仕方などをマネジメントすることで、効果的なマーケティング活動に結び付けます

製品（商品）の価値は3層構造になっている（コトラーの3層モデル）

商品（製品）には3つのレベルの価値構造があります。たとえば自動車では、①中核的な価値（=走る）②実体価値（=ブランドや燃費、走行性能）③付属機能（=アフターサービス等）です。

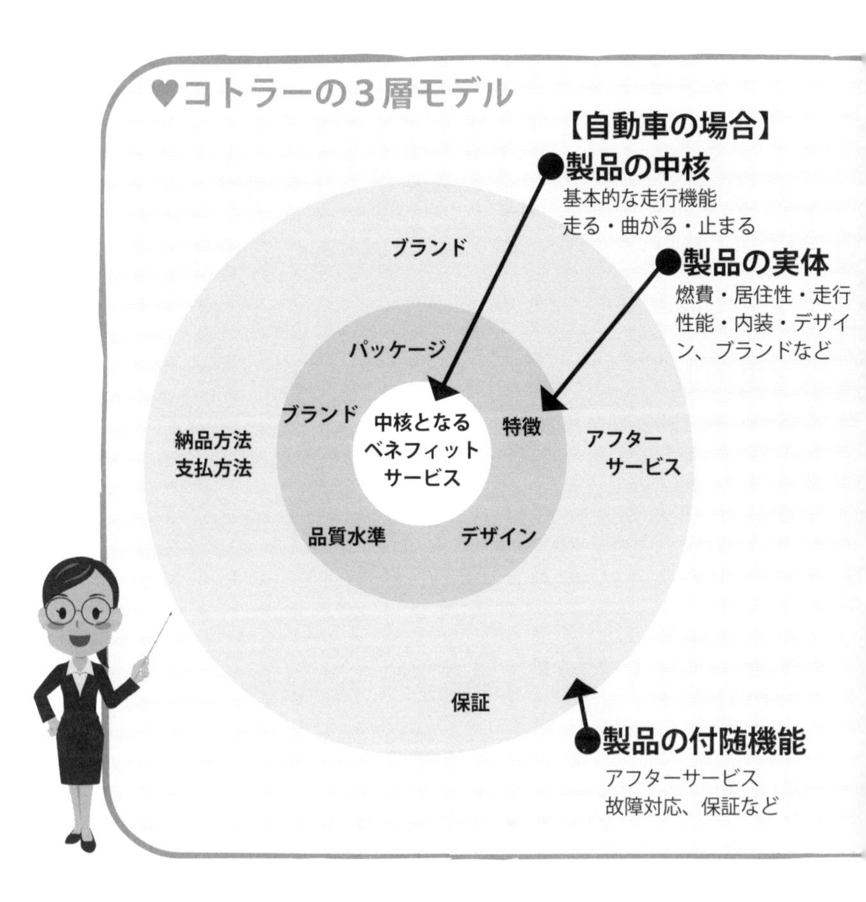

格言

「4分の1インチのドリルを買いに来た人が欲しいのは、ドリルではなくて4分の1インチの穴である」

ドリルで開けた穴
＝最終目的

×
電動ドリル
＝手段

理解が深まる Point!

商品の価値をめぐって、こんな格言があります。人が商品（製品）に求める価値はさまざまですが、最終的に何を求めているのかを見誤らないように注意すべきとの戒めで、「マーケティング近視眼」と言います。

3-5 Product

モノづくり（製品開発）のプロセスを知っておこう

製品開発には様々な手法やステップがありますが、一般的には以下のプロセスを経てモノづくりされ、市場に出ていきます。このサイクルをマネジメントするのが、メーカーのマーケティング活動の中心です。

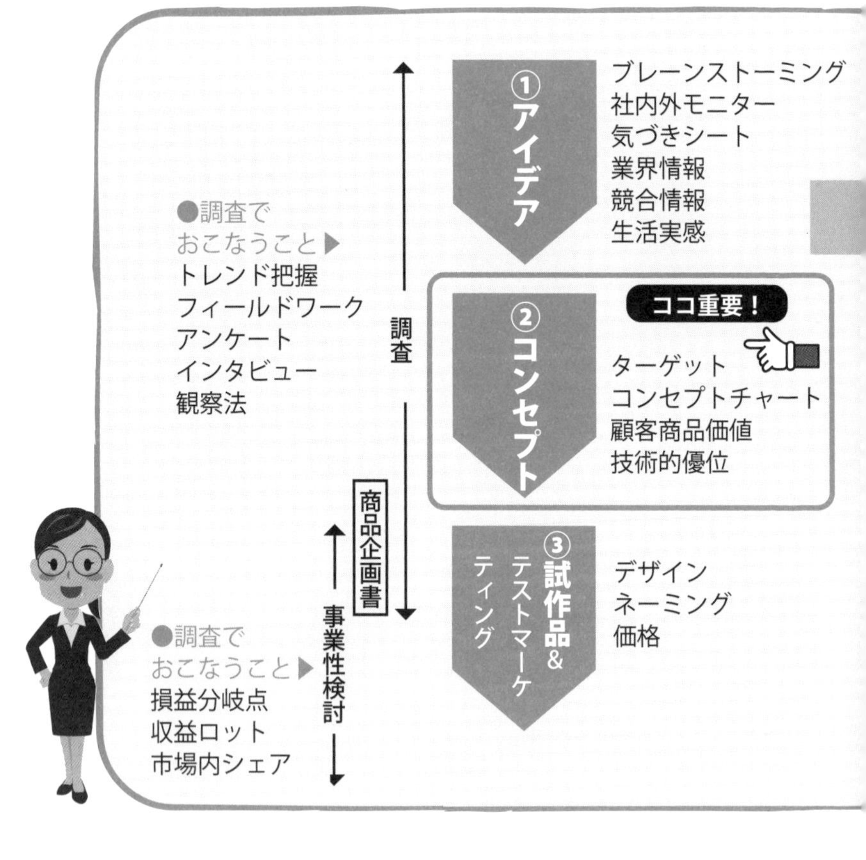

事業性検討

④マーケティングミックス

製品：Product
価格：Price
販売ルート：Place
販促：Promotion

●商品化決定▶

⑤生産

生産体制
ライン設計

仕様決定

⑥発売

初期プロモーション
プレス発表
展示会
新作発表会
イベント
販売体制

▼

定着化・固定化
ロングセラー化

理解が深まる Point!

以上のモノづくりのプロセスの中でも、「コンセプト」は、製品の価値と全体の流れを統合するものとして最も重要です。

3-6 Product

コンセプトは、モノづくりの心臓部！

→ケーススタディ・キリン【ムーギー】

これは、キリンビバレッジ（株）の「moogy（ムーギー）」というドリンクのコンセプトです。ターゲットの隠れたニーズを顕在化（見える化）しながら、様々な取り組みを一貫性あるものとしてつなぐために、コンセプトは重要な役割を持っています。

コンセプト →

ターゲットニーズ
パッケージ・デザイン
売り方（チャネル）
ファン化（開発ストーリー）
イベント

→

顧客

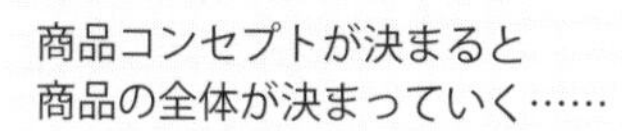

♠ケーススタディ：『moogy』のコンセプト

コンセプト
いいわたし
いい暮らし

ターゲット ニーズ
30〜40 代の働く母親
女性 × 毎日 × 健康
→冷え対策

チャネル
ＥＣ販売限定
・コンビニの棚前
　３秒ルール無関係
・サイト上でくわしい
　情報提供

『mppgy
（ムーギー）』
・生姜とハーブの
ぬくもり麦茶

イベント
ファッションとの連動
あき瓶クラフト
ムーギーの布づくり
インターネットラジオ

パッケージ
・ボトルを包み込む
・季節で変わる
・飲んでも捨てない
→飲む生活雑貨
いい暮らし

ファン化
インスタ開発者の想い
→ファンベースを形成

理解が深まる Point!
各要素はバラバラに存在するのではなく、コンセプトに沿って一貫した形で構築されます。その統一された全体が「イメージ」を顧客に与えることで、ブランドの価値が生まれます。

3-7 Price

商品の価格もマーケティングの中から決まる

商品の価格の決定は、経済学上は極めて複雑ですが、マーケティングでは４つの視点から検討・決定されます。その前提は、以下の「３Ｃ（顧客・競争（競合）・自社）」です。

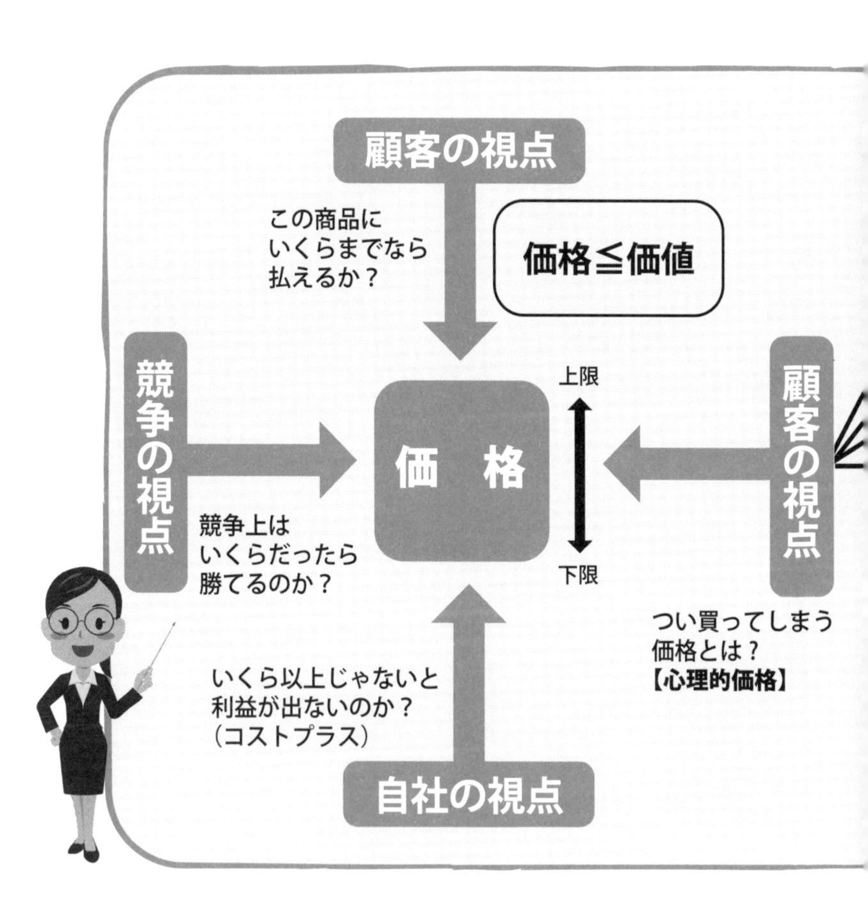

この価格なら「つい買ってしまう」心理的価格

端数価格　「98円」「5980円」
→一桁安い金額で
購買をそそる

慣習価格　ペットボトル飲料　130円
→皆がイメージしていて
当然だと思う価格

均一価格　100円均一
→すべてが同一価格
だと安く感じる

名声価格　ブランドバッグ　300万円
→あえて高い価格設定
で価値を伝える

理解が深まる Point!

人がモノを買うかどうかを決めるときは、価格と同等またはそれ以上の価値をその商品に感じるかどうか、つまり「お値段以上」なのかどうかが決定的に重要です。

3-8 Place

どういうルートで商品を流すか

メーカーにとって、どういうルート（チャネル）で商品を流していくかはマーケティング上きわめて重要なテーマです。流通ルートは業界や商品市場によって複雑ですが、モデルとしては４つあります。

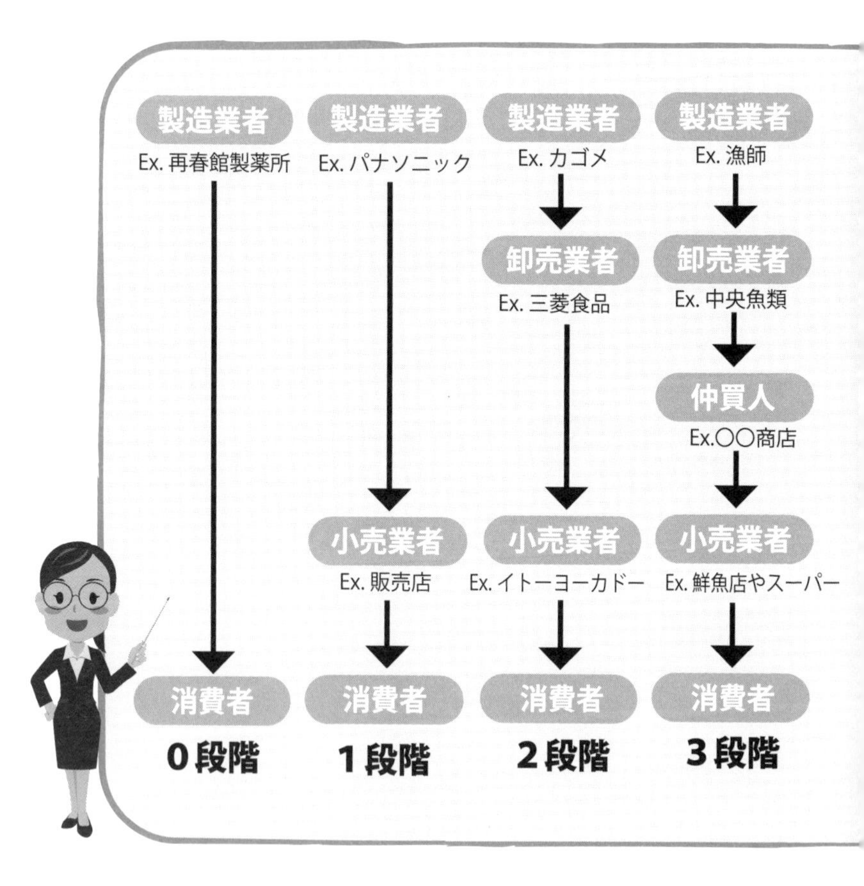

どういう流通チャネルを構築できるかが重要に

0段階流通チャネル Ex. 再春館製薬所
→中間業者を介さずに直接販売

1段階流通チャネル Ex. パナソニック
→パナソニックの特約店を通じた販売

2段階流通チャネル Ex. カゴメ
→三菱商事系の卸業者である三菱食品を通じて小売店へ

3段階流通チャネル Ex. 魚の流通
→漁師〜卸売業者〜仲卸業者を通してから小売店〜消費者へ

理解が深まるPoint!

かつては「卸売不要論」が叫ばれ、今ではネット通販の興隆や「オムニチャネル化」によって流通チャネルの構造はますます複雑になっています。どういうチャネルを構築できるかが成否を分けます。

3-9 Promotion

「買いたい気持ちにする」のがプロモーション

４Ｐの最後はプロモーション、いわゆる「宣伝」や「販売促進」と言われる領域です。メーカーが作った商品を顧客に知らせ、顧客と様々なレベルでのコミュニケーションを行うことで「買いたい気持ちにする」ための仕掛けのすべてが含まれます。

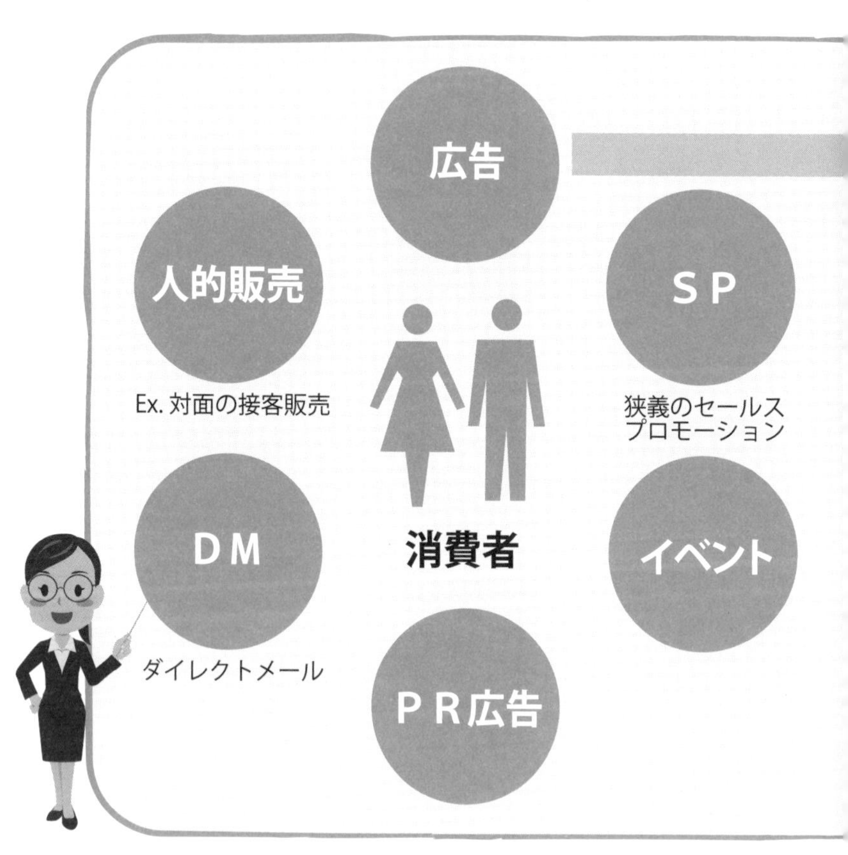

●マスメディア

４大媒体（テレビ・ラジオ・新聞・雑誌）

●プロモーションメディア

DM、チラシ広告、交通広告、看板広告、POP

●インターネット広告

ＳＮＳ広告、動画広告、記事広告、バナー広告、リスティング広告 etc.

理解が深まる Point!

様々な媒体・メディアがミックスされて消費者の「買いたい気持ち」を高めていきます（メディアミックス）。

製品ライフサイクルの見極め方

人の一生と同じく、市場に投入された商品（製品）にも一生があります。その長さは商品特性によって様々ですが、一般に4つの段階を経ていくと言われています。各段階によってマーケティングの４Ｐでやるべきことが違うので、今、自社のその商品はどの段階にあるのかを見極める目を持つことが大切です。

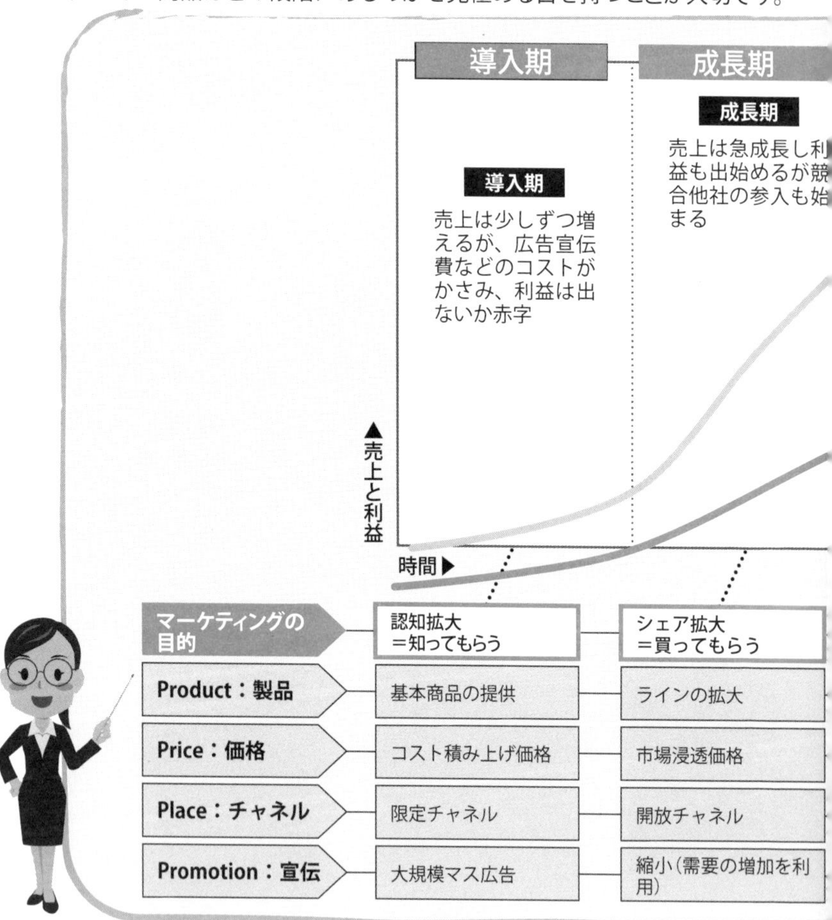

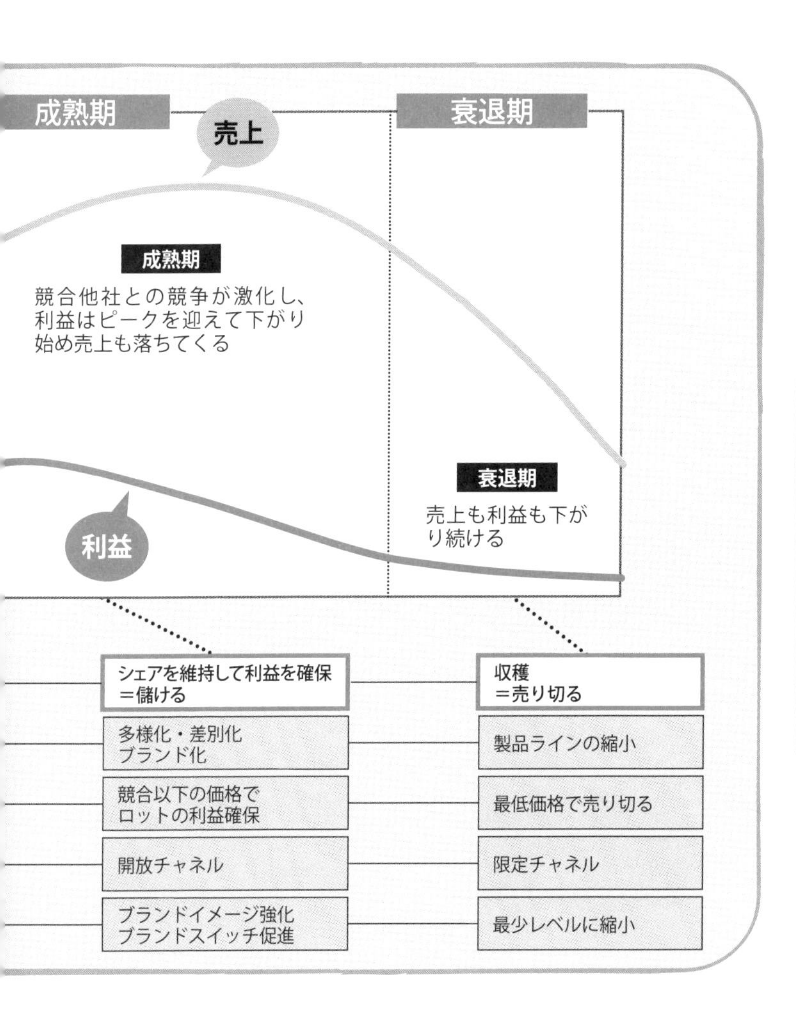
成熟期
衰退期
売上
成熟期
競合他社との競争が激化し、
利益はピークを迎えて下がり
始め売上も落ちてくる
衰退期
売上も利益も下が
り続ける
利益
シェアを維持して利益を確保
＝儲ける
収穫
＝売り切る
多様化・差別化
ブランド化
製品ラインの縮小
競合以下の価格で
ロットの利益確保
最低価格で売り切る
開放チャネル
限定チャネル
ブランドイメージ強化
ブランドスイッチ促進
最少レベルに縮小

小売業のマーケティングを「マーチャンダイジング」と言う

これまでの話は、モノづくりをおこなうメーカーの観点からのものでしたが、最後に小売業にとってのマーケティングとは何かを見ておきます。これを「マーチャンダイジング」と言います。

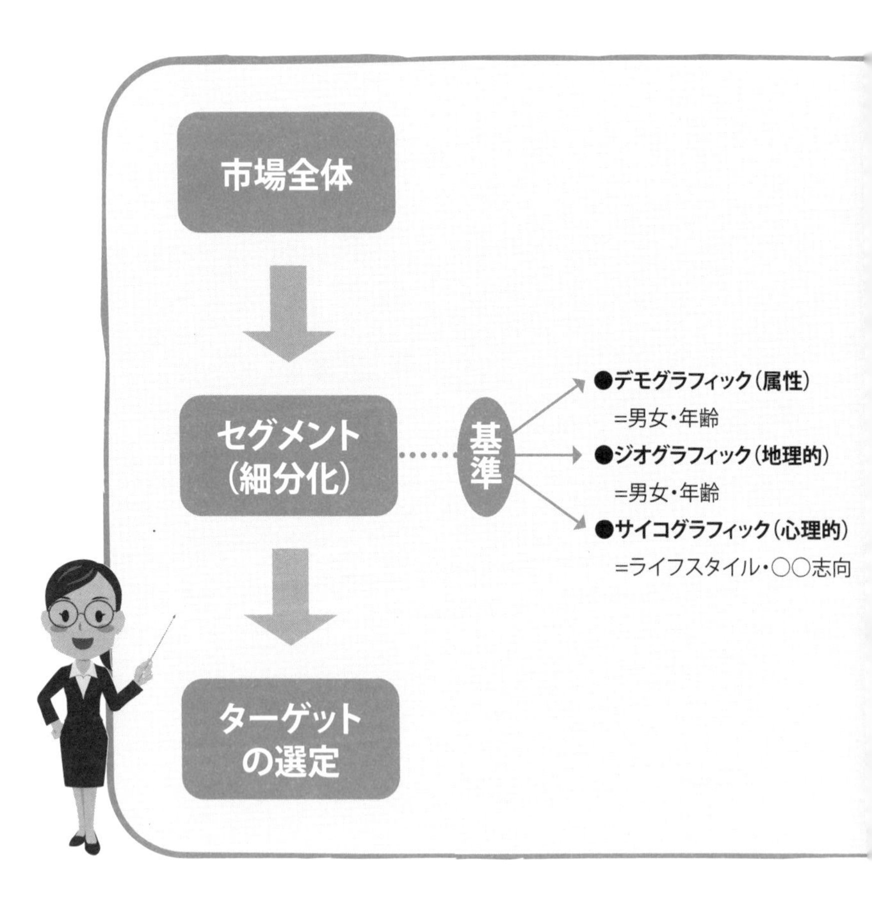

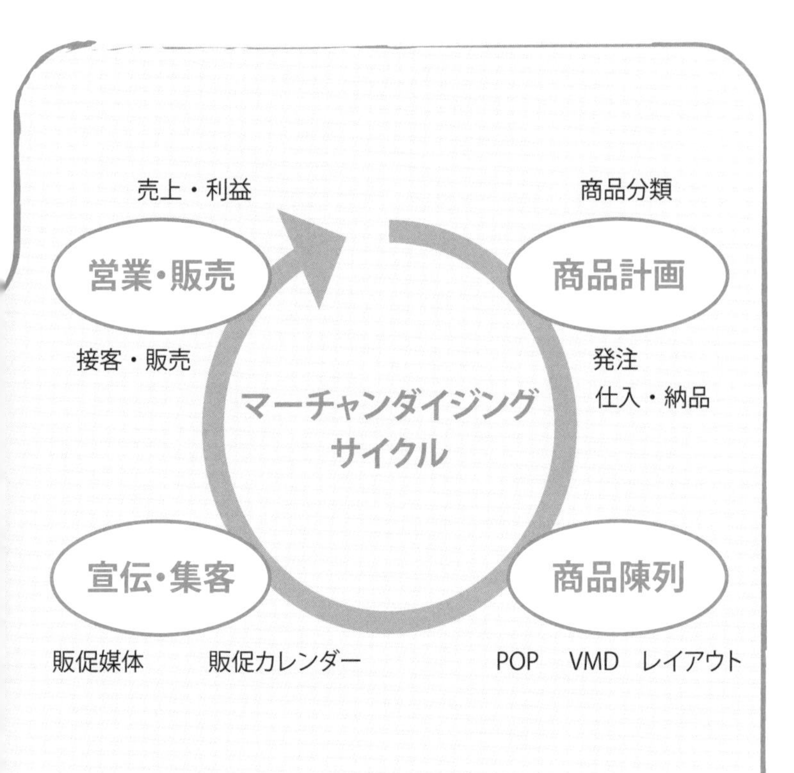

理解が深まる Point!

マーチャンダイジングとは、小売業が行う一連の活動（商品構成、仕入れ、在庫、陳列、販売、販売促進等）を意味します。それは、店舗という限られた空間の中で最大の効果を生み出すための、小売業にとっての「マーケティング活動」なのです。

コラム◆ひとつの製品を究めることで広がる世界　～江崎グリコ　ポッキーの場合～

「ポッキー」といえば子供から大人まで誰もが知ってる"国民的お菓子"ですが、その歴史は古く1966年に遡ります。当初は子供向けに、先行商品である「プリッツ」にチョコをコーティングして発売し好評でしたが、70年代に入って売上に陰りが見える中、松田聖子さんのCMとともに「旅にポッキー」「ポッキー・オンザロック」など食べ方やシーンの拡張を訴求、また「アーモンド・ポッキー」「いちごポッキー」など新製品の開発を行います。さらに80年代には発売当時の子供たちが大人になるにつれてターゲットを全世代に拡げ、付加価値の高い製品開発とともに「四姉妹物語」などストーリー性あるCMを通じてさらなる定着を図ります。観光地のお土産とコラボした「地元ポッキー」も開発します。

最近では「家族でポッキー」「ポッキー何本分話そうかな」などのCMで、人と人とのコミュニケーションの場面づくりのアイテムとしてのポッキーを打ち出しています。「持つところのあるライトなチョコスナック」という商品コンセプトから、ターゲットもラインも、シーンも拡張することでロングセラーになったポッキーの歴史は、「マーケティングの力」を感じさせる取り組みといえるでしょう。

第4章

「場所の力」で儲ける

《商圏・立地・店舗マーケティング講座》

◎売れる立地の見抜き方は？　まちに人を呼び込むマーケとは？

4-1

「場所」を見ることからはじめよう

→ロケーション・マーケティング

「売れる」場所とはどんなところなのかを読み、「もっと売れる」場所をつくるのも、マーケティング活動のひとつです。特に小売業では、「まち」と「みせ」という2つのレベルでの「場所のマーケティング」が極めて重要です。

●「まち」というロケーション

まちの見方と知り方

各種データを読む
→歴史・人口・産業

まちあるきをする
→中心街を見る
→市役所を一周する　など

まちを見て特性をつかむ
＝マーケティング

商圏と立地

商圏設定

・各種データから
・業種業態、店舗規模、地勢、来店手段、来店頻度などから

商圏を設定する
＝エリアマーケティング

●「みせ」というロケーション

店の見方

繁盛店の
どこを見るか？

- ●立地・ロケーション
- ●業種業態・店舗規模
- ●アクセス動線
- ●店内構成・入店回遊
- ●店内レイアウトと商品配置
- ●サービス・接客　など

他店を見て戦略を読み取る
＝マーケティング

理解が深まる **Point!**

「店の見方」では、競合を含む多くの店舗を見て、その店の戦略を読み取る洞察力が必要です。「店舗」は情報公開された装置なので、着眼点を持っていればその店の狙いが見えてくるのです。

4-2

行かなくてもわかるまちのイメージのつかみ方

まちを知るには、まず行政のホームページでその町の歴史をつかみます。以下は東京都立川市の例ですが、これを眺めるだけでもこの町の特徴やイメージがつかめます。

明治11年(1878年)　初めて独立校舎(第一小学校)が柴崎町に建てられました。
明治14年(1881年)　柴崎村は立川村へ名前を変えました。
明治22年(1889年)　甲武鉄道(JR中央線)が開通しました。
明治26年(1893年)　三多摩が神奈川県から東京府へ編入されました。
明治27年(1894年)　青梅鉄道(JR青梅線)が開通しました。　➡ターミナルの町
明治34年(1901年)　府立第二中学校(都立立川高校)が開校しました。
大正４年(1915年)　立川村の一般家庭に電気の供給が開始されました。
大正６年(1917年)　砂川村の一般家庭に電気の供給が開始されました。
大正10年(1921年)　立川村に電話が開通しました。
大正11年(1922年)　立川飛行場が開設されました。　➡基地の町
大正12年(1923年)　立川村は町制を施行して立川町となりました。
大正14年(1925年)　立川最初の映画館「立川キネマ」が開館しました。
大正15年(1926年)　日野橋が開通し、日野の渡し船が廃止されました。
昭和４年(1929年)　南武鉄道(JR南武線)が開通しました。
昭和５年(1930年)　五日市鉄道(JR五日市線)が開通しました。
立川駅に南口が開設されました。
昭和15年(1940年)　立川町は市制を施行して立川市となりました。
昭和20年(1945年)　山中坂の防空壕が空襲を受け42人が亡くなりました。
昭和22年(1947年)　立川専門学校(都立短大)が開校しました。
昭和23年(1948年)　立川市の一般家庭にガスの供給が開始されました。
立川市立高校(都立北多摩高校)が開校しました。
昭和26年(1951年)　立川市で水道事業が開始されました。
昭和29年(1954年)　砂川村は町制を施行して砂川町となりました。
昭和30年(1955年)　砂川闘争が始まりました。
昭和33年(1958年)　砂川町で水道事業が開始されました。
昭和38年(1963年)　立川市と砂川町が合併しました。
昭和43年(1968年)　西武拝島線(拝島～玉川上水)が開通しました。
昭和52年(1977年)　立川基地がアメリカ軍から返還されました。
昭和57年(1982年)　立川駅ビル・南北自由通路が完成しました。　➡商業の町
昭和58年(1983年)　国営昭和記念公園が開園しました。
平成元年(1989年)　立日橋が一部開通しました。
平成10年(1998年)　多摩モノレール(上北台～立川北)が開通しました。
平成12年(2000年)　多摩モノレールが全線開通しました。　➡多摩地区の中心都
平成17年(2005年)　立川駅南口・北口駅前歩行者専用デッキが開通しました。
平成19年(2007年)　立川駅に新しい改札口ができました。

●出典　立川市役所ホームページより（※青字は著者によ

●左の年表ともに、「人口推移」なども併せて調べると、東京・立川市は次のような都市であることがわかる。

▼

「高度成長とともに東京のベッドタウンとして発展し、多摩地域の中心として様々な機能が集まるターミナルと都市になった」

各種データを見るときの観点

人口・年齢・世帯構成▶ 過去の人口推移と今後の予測はどうか
少子高齢化はどこまで進んでいるか

人口の流動性▶ 昼夜間人口比率はどうか
交流人口はどうか

産業特性▶ その町の産業の中心は何か
住民の職業構成はどうか

商業規模▶ 都市の中心としての商業は
どの程度のパワーを持っているか
ＳＣなど郊外の商業はどうか

理解が深まる Point!

そのまちはどんな経緯や歴史で今のようになったのか？　今現在はどんな人たちが何をして暮らしているのか？　その上で、そのまちの何にコミットすれば商売になるか？　を考えます。

4-3

町に着いたらまずは高いところに上がってみよう

その町に行って、実際に見て感じることで、統計データではわからない多くのことが実感できます。百聞は一見に如かず、ですが、これにもコツとポイントがあります。

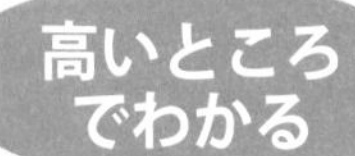

高いところでわかる

丘の上、城跡、タワーなど、高いところから地域全体を俯瞰する

市役所でわかる

全フロア・全部署を見て回る。市報、資料室、産業、観光課などの様子を見る

町の特徴を読み解く方法 その1

図書館・博物館でわかる

- 蔵書内容はその地域の人々のニーズの現れ
- そもそもいつから、どんな形で人が住んだのか。そのまちの歴史と成り立ちをつかむ

行政関連施設でわかる

市民会館や公民館で、行政サービスや市民活動がどんな状況かを見る

駅でわかる

駅にいる人、通る人、街中を行く人の属性や様子を読む
＊駅から出るバスに全系統に乗って終点まで行ってみるのも有効

中心市街地でわかる

駅ビル、専門店、商店街、デパート、一般商店まで商業の発展度合いを見る

町の特徴を読み解く方法 その2

住宅地を歩くでわかる

戸建てかマンションか？　戸建ての場合は敷地面積と住居の大きさ、車のグレードなど

フリーペーパーでわかる

住宅、雇用など、地域のミニミニ誌から様子がわかる

データでわかる

人口・世帯・年齢構成・所得・産業 etc.

理解が深まる Point!

駅に降り立ったら、自然も人間も、建物も町並み、店舗などあらゆるものが「情報源」だと思って観察しましょう。これを繰り返すことで、エリアマーケティングの目が養われます。

4-4

「まち」の特徴をつかむための着眼点を持とう　～例・金沢～

新幹線が開通したことで多くの観光客が訪れ、新たに脚光を浴びた石川県金沢市。ここには兼六園だけでなく、自然や文化、アートから商業まで、様々な要素が絡み合ってあたかも町全体が博物館であるような、「金沢ブランド」を形成しています。

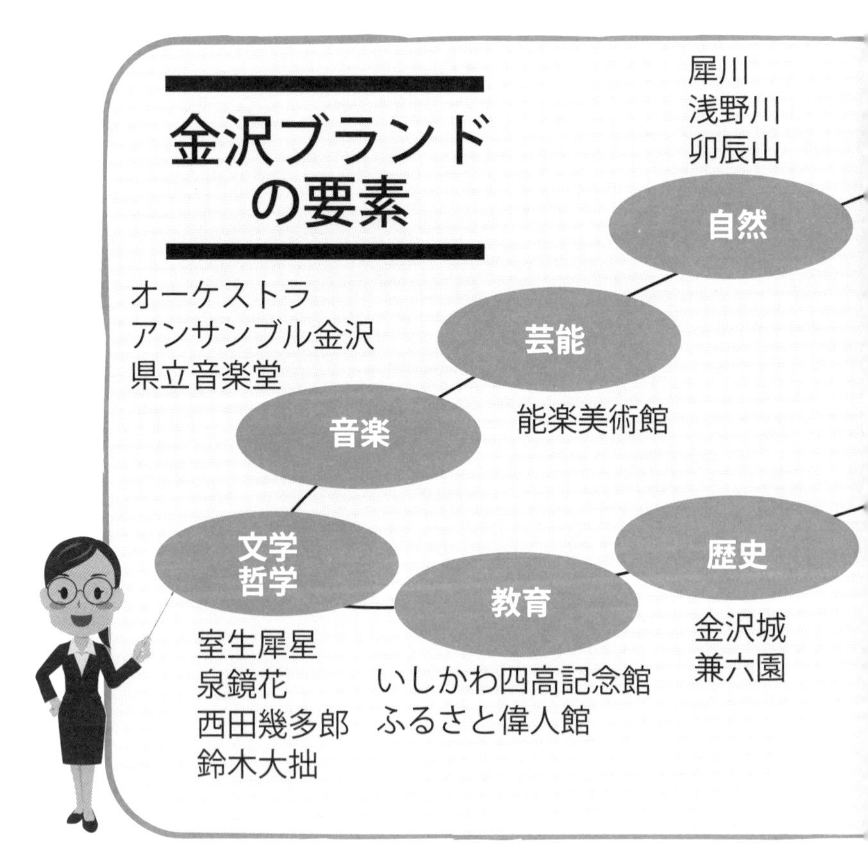

茶屋街
武家屋敷

香林坊
近江町市場

町並み

寺町

商業

宗教
お祭り

文化施設

県庁跡
迎賓館跡が公民館に
みらい図書館

美術アート

21 世紀美術館
工芸・建築家
アーチスト

工芸

加賀友禅
金沢九谷
金箔

理解が深まる
Point!

ここまでフルセットで揃っていなくても、これらの要素をあなたの知りたい「まち」に当てはめて調べてみることで、その「まち」の特性や強味・弱みが見えてきます。

4-5

商圏とは「店の売上を構成する人々」が住んでいる地域のこと

商圏とは、店の売上を作っている地理的な地域（エリア）のことを言います。業種・業態や店舗の規模によって様々ですが、以下のように店舗からの距離によって3つのレベルに分けてとらえ、それぞれに応じた施策を行うことが有効です。

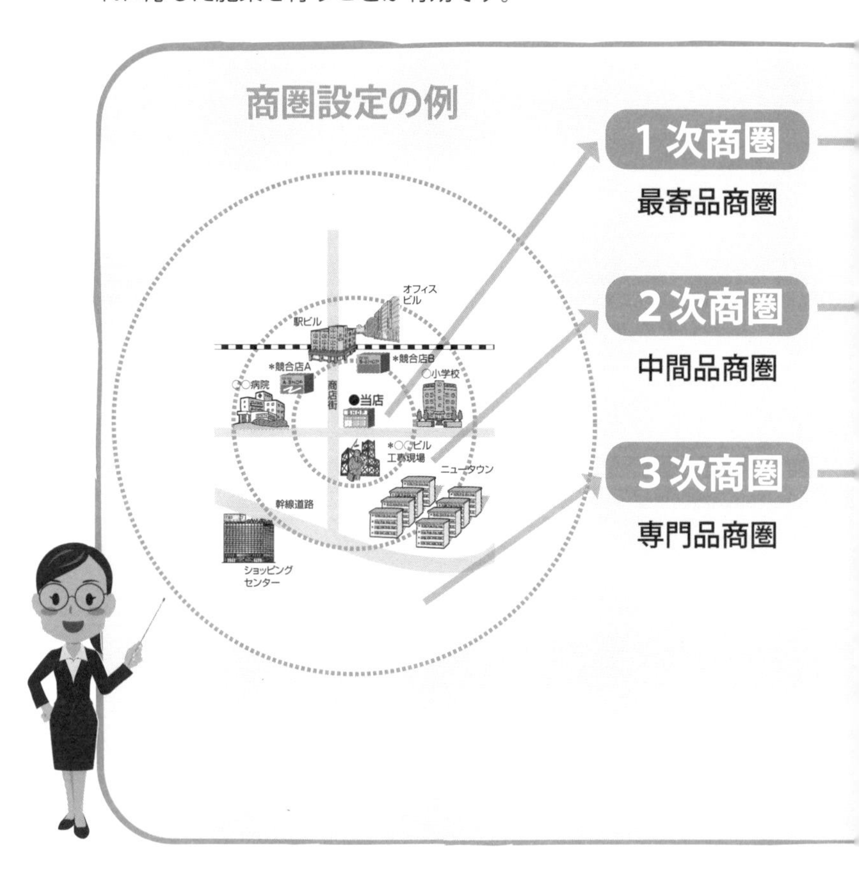

各商圏の特徴（例）

店舗からの距離	お客様が来店する頻度	店全体に占める売上構成比（累計）
徒歩圏 10〜15分	ほぼ毎日	50%
自転車圏 10〜15分	週単位	〜80%
バス 電車圏 30〜40分以上	月単位	〜100%

理解が深まる Point!

店舗からの距離（物理距離・時間距離）によって、顧客の利用頻度が異なり、顧客が店舗に求めることも違ってきます。店舗売上の地域的バランスを踏まえて、商圏ターゲットをふまえた店舗施策・商品サービスの提供が大切になります。

4-6

3つの観点で、店舗は「商圏」にかかわっていきます

店舗は様々な場面や方法を用いて、自店の立地する地域を知り、地域との関係を深めていくことが重要です。

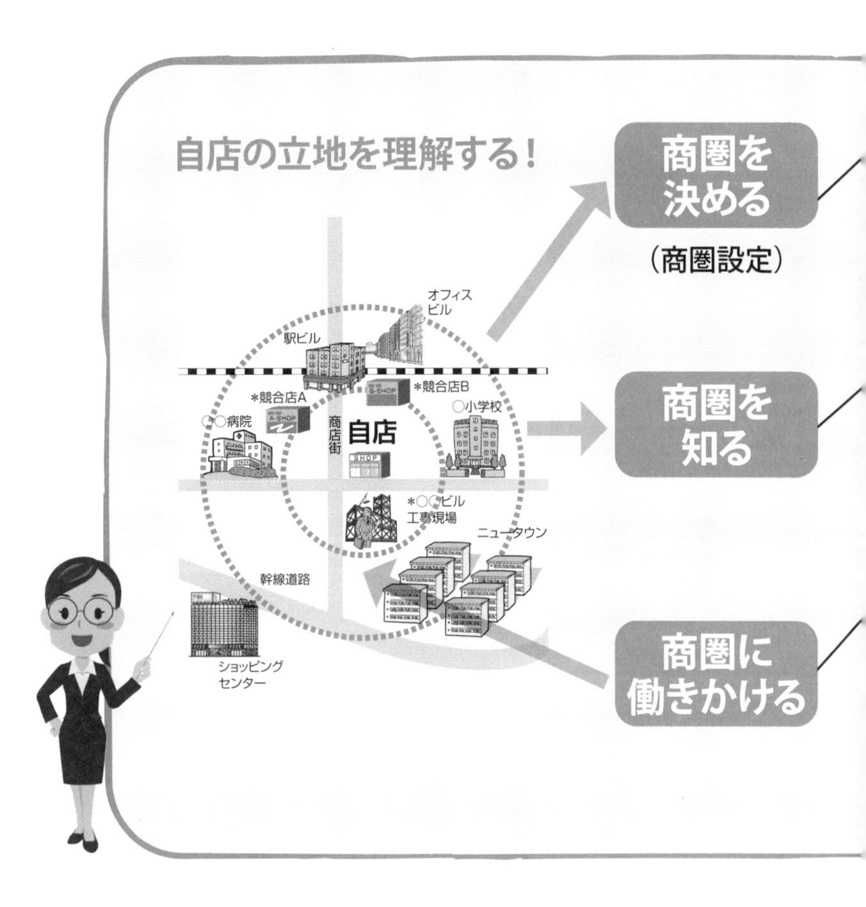

理論モデル	ハフモデル：店舗売上は、店舗面積と（顧客の）家から店までの距離の関係で決まります。
自然条件 交通体系	山や川、鉄道やバスのつながりなどを念頭に、商圏範囲を設定します。
アンケート	人々の生活動線の実態をもとに、自店のエリアを設定します。
データ	各種の定量、定性データをもとに商圏内の人々の行動や自店の利用状況、満足度を知ります。
観察	（同上）
住民・顧客の声	（同上）
集客	重点エリアへのチラシの配布や訪問を通じて、店への集客を図ります。
地域とのかかわり ファンづくり	関連業種との連携や地域行事への参加など、まちと一体化した施策でファンを増やします。

理解が深まるPoint!

人口・年齢・世帯構成や所得・産業・職業・ライフステージ等のデータや、アンケートなどの住民・顧客調査、さらにエリア内を歩いて観察することによって、自店の立地する地域の理解を深めます。
ポイントカードやハウスカードから顧客の住所を把握し、どの地域からの来店が多いのかを検証することも大切です

4-7

店の成否がかかわる立地選びは“命がけ”！

店舗の成否は立地で決まります。家賃や敷金など不動産の条件は様々ありますが、立地の良さは絶対に譲れない条件と考えて、以下の3つの観点から検討します。

交通発生拠点

駅やバス停など、多くの人々が集まる拠点（交通発生源）はどこか？自店との位置関係は？

生活動線

自店の立地が、通勤・通学や日常生活の動線に入っているか？

視認性

店舗周辺の環境（他の建物や看板、段差など）を踏まえて、自店がどう見えるか？　気づいてもらえるか？

理解が深まる
Point!

コンビニの出店では、数10項目に渡る検討項目から出店地を評価し、売上を予測します。業種・業態によって意味合いは異なりますが、この3つの視点から自店の立地を見直し、再評価してみることが大切です。

4-8

店の「見方」にはノウハウがある

プロとしての店舗視察は、ただ漫然と見ているのではなく、視察する店のスタッフになったつもりで「当事者意識」をもって見ていきます。それには３Ｃと同じ３つの観点が必要です。

お客さまの視点（カスタマー）

・見やすいか?
　買いやすいか?
　用は足りるか?
・イメージが広がるか?
　スタイル·提案·新たな
　情報、店の特徴·姿勢
・また行きたいと思うか?
　誰かに勧めたいと思うか?

お店側の視点（カンパニー）

・何を考えて
　どういう「つもり」で
　やってるのか？
　＝意図・戦略
・どんな「事情と都合」
　で、こういうことに
　なってるのか？

競合の視点（コンペティター）

・競合して勝負になるか?
　勝てるか?
・何か学ぶものはないか?
・自店はどこを強化するか?

SHOP

店舗視察の着眼点

立地・周辺
- ☑どんな場所にあるか？（立地環境）
- ☑客はどうやって来るか？（来店動線）
- ☑パーキングの場所・位置・サービスは？

第１印象
- ☑どんなイメージか？（店舗環境・デザイン）
- ☑誰の、どんなニーズに応えようとしているか？

来店客
- ☑誰が、何を求めて来ているか？（客筋）
  →年齢・来店人数と関係・スタイル……
- ☑客層のバランスはどうか？

店舗の全体構成
- ☑どんな商品を、どのような単位でまとめてどんな配置で陳列しているか？
- ☑目につく場所に、ポイントとなる商品が置かれているか？

商品・サービス
- ☑個々の領域別の品揃えはどうか？
  （アイテム数・バランス・価格帯・在庫量）
- ☑サービス面での特徴はあるか？
  （設備・商品・人的サービス）

従業員・スタッフ
- ☑スタッフに覇気が感じられるか？
  （笑顔・挨拶・接客態度）
- ☑知識やスキルをもち、イレギュラーなことにも対応できるか

理解が深まる Point!

業種業態が違っても、その店が「自分の店だったどう感じるか」という立場に立って、上記プロセスに沿って全体をくまなく見ていきます。店舗視察は、マーケティングの“道場”であり、トレーニングの場です。

4-9

業種・業態・立地・規模で これだけ違う「店の見方」

店舗を見るときの着眼点は、業種・業態によって異なります。視察にあたっては4－⑧の流れに沿って、それぞれ異なる視点からチェックすることで、その店の実像が見えてきます。

専門業態店舗

・物販店
・飲食店

専門業態店舗

・スーパーマーケット
・百貨店
・ショッピングモール

・ドラッグストア
・ホームセンター
・大型家電　など

【業種別着眼点の例】

◆青果店（八百屋）
・葉物野菜の新鮮度（足が速い＝鮮度のバロメーター）
・季節の果物は充実しているか

◆精肉店
・牛肉の品揃え（地域のグレード反映）
・肉惣菜の種類と出来立て（シズル）感

◆ベーカリー
・デニッシュ（食事）パンの種類と特徴
・夕刻の陳列数（＝店舗の客数）

◆インテリア・家庭雑貨店
・主要商品群の品揃え
（食器・家事用品・家具・寝具・インテリア）
・ライフスタイル感の打ち出しレベル

◆書店・ブックストア店
・雑誌・実用書／文庫・新書／専門書のバランス。新刊本の商品数。
・地域の文化拠点としての発信

◆ファッション衣料雑貨店
・ターゲット層、ファッション感度
・衣料品と雑貨のバランス、アイテム数

◆大型ショッピングセンター
・立地と集客動線、元々何だったか？（工場跡など）
・全体構造（核店舗とモールの関係）
・分野別テナント揃えとグレード

◆百貨店
・立地と歴史、「まち」との関係
・基本商品群の構成とフロアレイアウト（食品・服飾雑貨・婦人服・子供・紳士服・リビング・趣味・催事）
・全館の統一感と回遊性
・プロモーションの打ち出し

◆スーパーマーケット
・生鮮・惣菜・日配品・グローサリー・日用雑貨の配置とバランス
・生鮮・惣菜の鮮度と種類
・レジ回りの業務の円滑さ

◆ドラッグストア
・規模とレイアウト
調剤／一般ドラッグ／コスメ／日用雑貨のバランスと商品バリエーション
・調剤・健康相談の有無、スタッフのレベル

◆ホームセンター
・商品分野とバリエーション
・木工材料加工、DIYワークショップの有無

理解が深まる Point!

マーケティングとしての店舗視察は、単に「いい店／悪い店」ではなく、どこがどう良いのか／悪いのかををプロとして知ったうえで自分の店の商売に生かすことにあります。

【演習】コンビニを「見る」ことは最高のトレーニング

コンビニエンスストアは、店舗視察のための最高のトレーニングの場です。以下のポイントに沿って、よく行くコンビニをチェックしてみましょう。

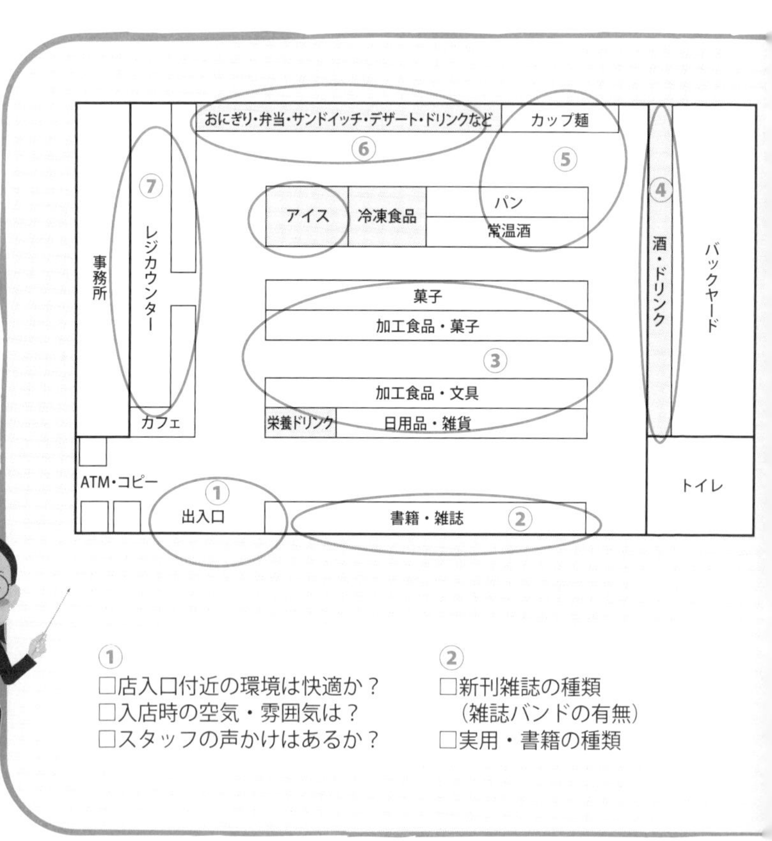

①
□店入口付近の環境は快適か？
□入店時の空気・雰囲気は？
□スタッフの声かけはあるか？

②
□新刊雑誌の種類
（雑誌バンドの有無）
□実用・書籍の種類

③
□加工食品の定番アイテムはあるか？
□日用雑貨の定番品のバリエーションと在庫量は？

④
□ドリンクの在庫は？
欠品はないか？
□常温品はあるか？
□酒の取り扱いの有無

⑤
□定番品の陳列在庫は？
□デニッシュパンの陳列量は？

⑥
□生鮮・惣菜アイテムの商品量は？
□商品の前出しは行われているか？
□ピーク時・夜間の在庫切れは？
⇒コンビニの原動力となるゾーンです。お昼時など、ピーク時にきちんと商品が積みこまれているか否かがポイントです。

⑦
□スタッフの笑顔は？声は？
□業務と接客の手際は？
□購買商品の扱い方は？
□イレギュラーなことへの対応は？

【全体】

□クレンリネス、納品片付けはできているか？
□オリジナル商品、名物アイテムは？（Ex.ロールケーキ）
□シーズンプロモーションの見え方は？(クリスマス等)
□健康志向、高齢者対応、宅配などの取り組みは？
□生鮮野菜・果物等の取り扱いは？
□イートインの有無・運営方法・クレンリネス

理解が深まる Point!

特におにぎりやサンドイッチなどの生鮮食品は、企画・生産から物流に渡って高い精度でシステムが構築されています。コンビニは店舗力を見抜くうえで格好の「生きた教材」といえます。

「店のつくり方」は マーケティングの宝庫

業種・業態や店舗の規模はいろいろありますが、一般的には以下の９つの要素について明確にし、決めていくことが「店づくり」の基本です。そこでは「①ストアコンセプト」が最も重要になります。

❷立地	どこに？ どの町のどの場所に？
❸建物・設備	どんな物件に？
❹ターゲット	誰のどんなニーズに対して？
❺商品・サービス	どんな商品を？ どんなモノ・コトを？
❻内装・什器	どんな環境の中で？ どんな什器で？
❼宣伝	どうやって知らせて？
❽販売・運営	どんな接客で？ どんな仕事の仕方で？
❾資金・収支	お金をどう工面して？ どれぐらいの売上を上げればやっていけるか？

理解が深まる Point!

①から⑨は単独ではなく、相互に関連しあいながら、ストアコンセプトの実現に向けて進んでいきます。それはあたかも、人に「性格」があるのと同じく、店舗のキャラクターを定めていくプロセスでもあります。

4-12

店づくりは、場所づくり（ロケーションマーケティング）の集大成

店舗づくりのプロセスは小売業マーケティングの集大成であり、すべての要素を「場所」＝ロケーション・スペースの中に結実していきます。中でもゾーニングとＶＭＤは重要です。

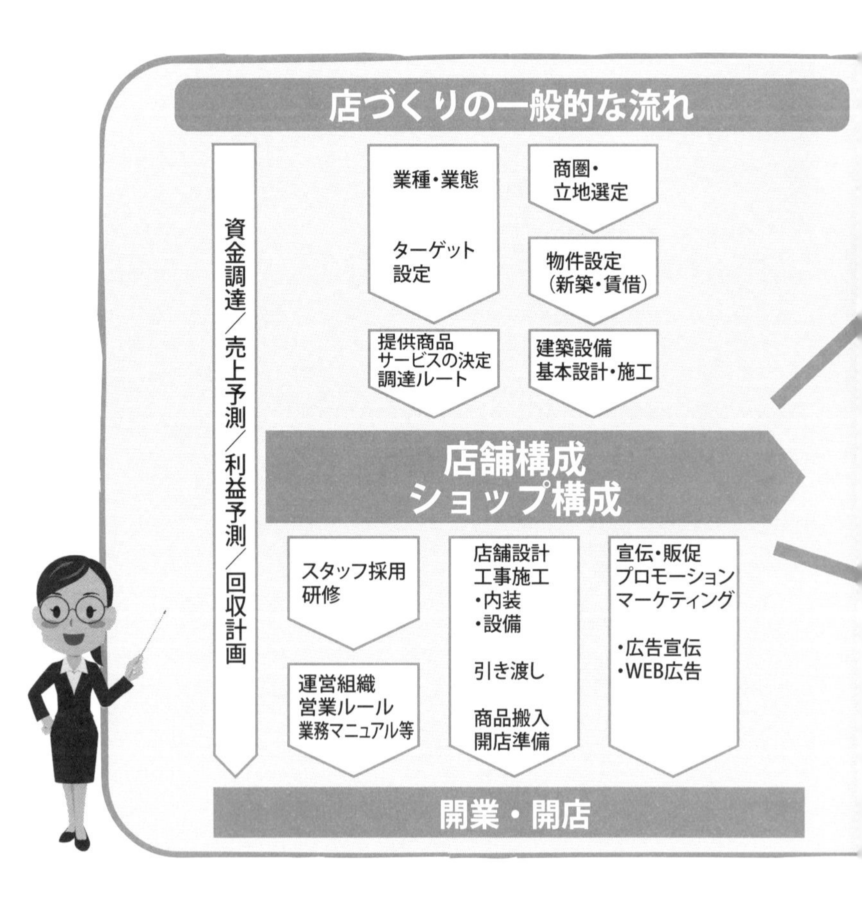

ストアゾーニング

どの場所にどういう役割を持たせるか

ファッションブティックの場合

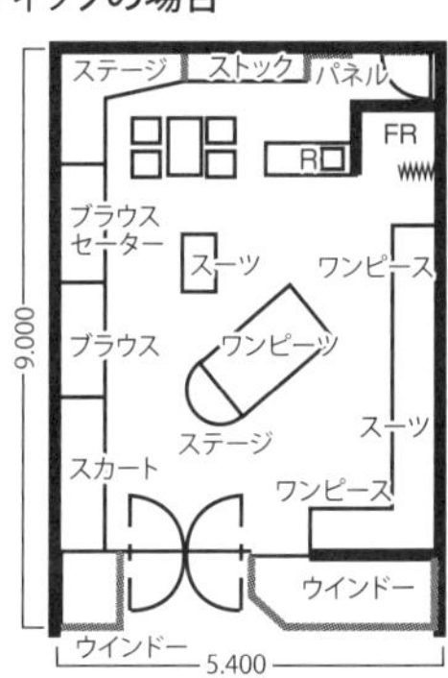

VMD（ビジュアルマーチャンダイジング）

どうやって見やすく、買いやすく商品を見せるか

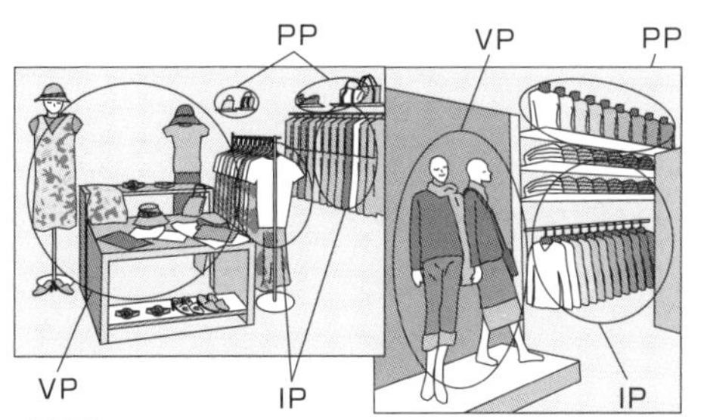

VP ＝ビジュアルプレゼンテーション
ショップやブランドの主張を総合的に表現

PP ＝各ゾーンの代表となる商品を見出しとして陳列

IP ＝各ゾーン内のアイテムを見やすく陳列

コラム◆まぐろの「せり」と店舗視察 ～プロの見方を身につけよう～

まちや店舗の視察には知識とテクニックが必要です。店舗を見るとき、どれだけ視察店舗の「当事者」の立場に立って見られるかどうかで、“気づき”の量と質が変わってくるのです。

これは市場（いちば）で行われるマグロの「せり」に似ています。卸売市場のマグロは、尾っぽの部分が切断されて並びます。プロの仲買人たちはまぐろの尾っぽの断面を見ることで肉質や、どれだけ脂が乗っているかを判断、買値の見当をつけるのです。尾っぽの先を見ただけでマグロ全体を判断する、マグロの価値を見極めるプロの目が、そこにはあります。

まちや店舗も同様です。駐車場に並ぶ車のナンバーの地名から商圏を予想する、冷蔵ケースに陳列された牛肉の価格からその地域の富裕度を予想する、レジに並ぶお客様のカゴの中から顧客の生活に思いを巡らす等、店と顧客を見るだけでその地域と住民の生活が想定できるのです。どれだけ当事者意識＝自分ゴトとして店や地域を見られるか、見る側のスタンス次第で、見えないものも見えてくるのがフィールドマーケティングの醍醐味です。

第5章
顧客との「接点力」で儲ける

《宣伝・営業・接客マーケティング講座》

◎リレーション・マーケティングって具体的にどう進めるの

5-1 リレーション・マーケティングって何？

本章では企業や商品と顧客との接点でつくられる関係（リレーション）を軸としたマーケティングを解説します。これは３つの次元でとらえることができます。

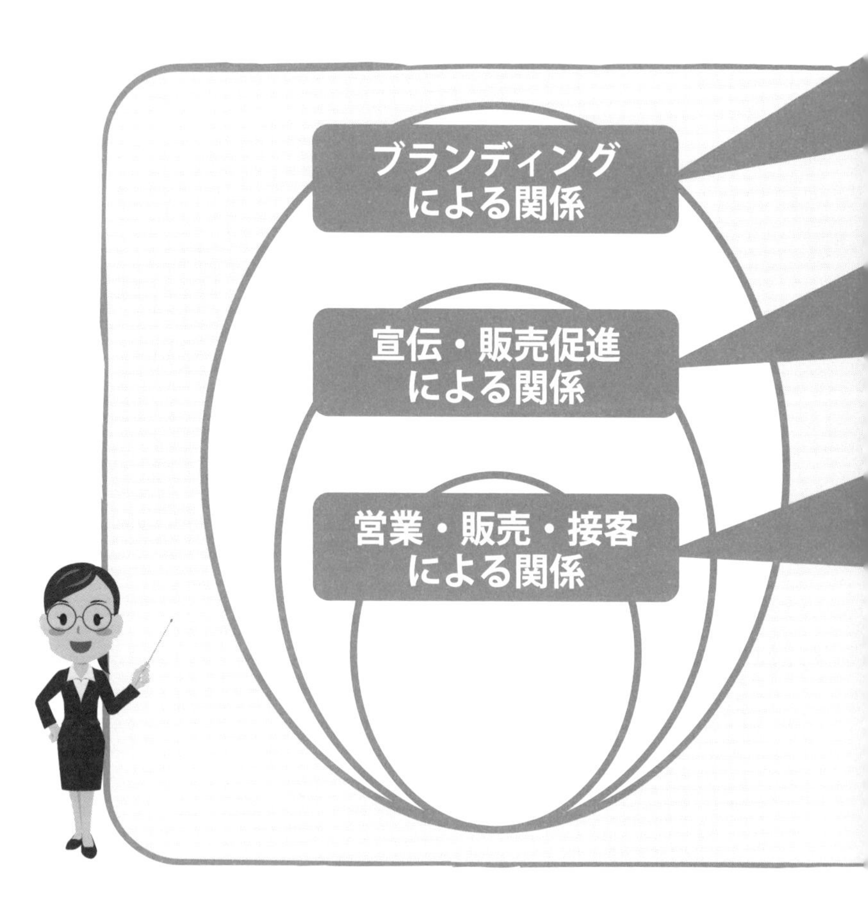

社名やロゴマークで自社や自社製品をイメージしてもらう。

チラシやTVCM、ネット広告等を通じて、自社製品のイメージを高める。

直接、顧客と接する営業や接客を通じて関係を強める。

◎顧客・その1
＝
個人

◎顧客・その2
＝
法人・会社

理解が深まる Point!

ロゴマークを見ただけでイメージできる「ブランド」、具体的な情報を通じて知る「宣伝・販促」、実際に人と人が会うことで購買喚起する「営業・接客」この3つを軸に、企業や商品と顧客との関係が築かれます。

ブランディングされているかいないかの違いって何？

ブランドとは何か、と言われると難しいですが、「ブランド化されているかいないか」を考えるとイメージできます。とあるカフェについてブランド化されていないと、いくら要素（スペック）を並べられてもイメージできません。

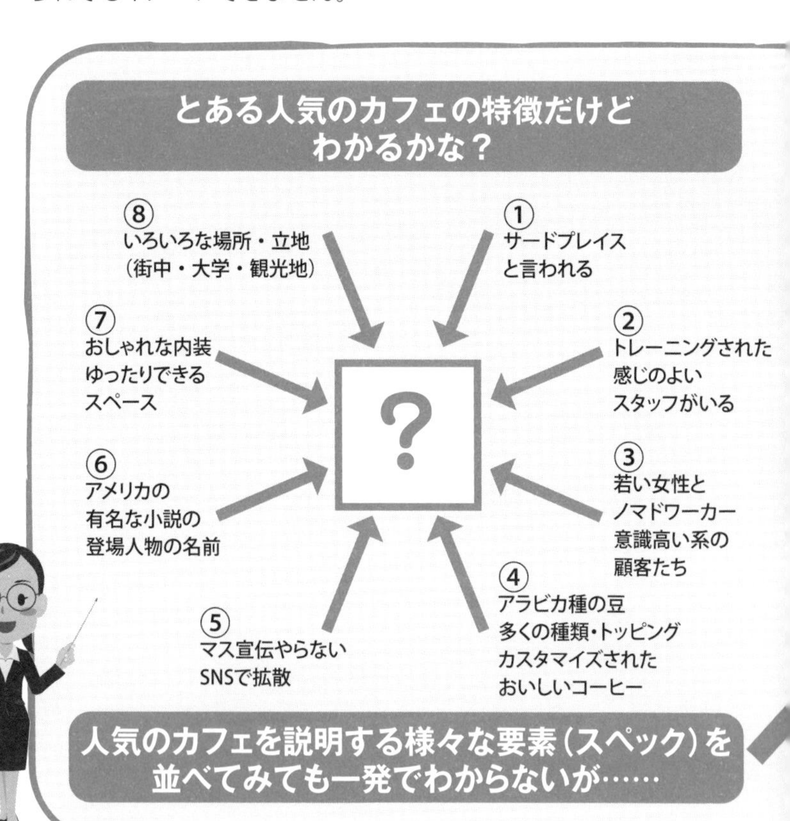

ブランドを見れば「スターバックス」だと一発でわかるのがブランドの威力

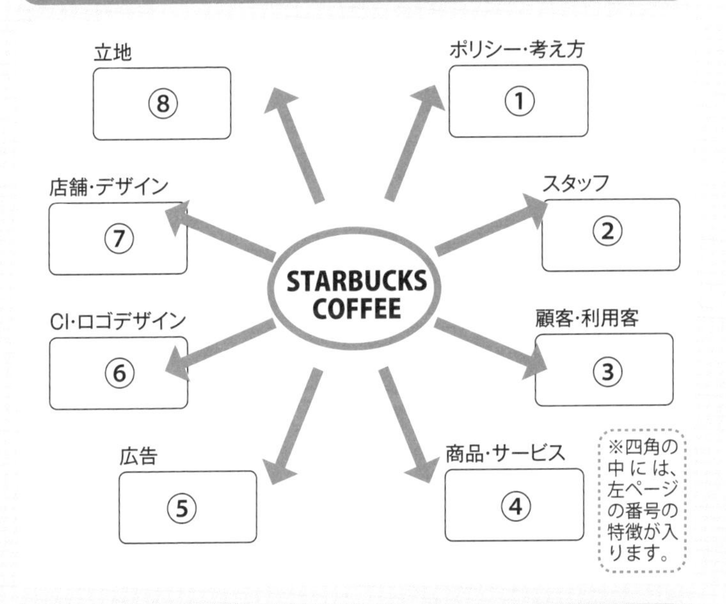

ブランド（名前とマーク）マークを見せられれば一瞬ですべてがパッとわかる

理解が深まるPoint!

ブランド名とロゴマークを見れば、個々の要素が浮かぶだけでなく、それらを越えたところに全体として明確な「イメージ」がわいてきます。ブランド化されている、ブランディングとはこういうことなのです。

5-3

ブランドとは、その企業や商品の「すべて」を表す

「ブランド」には以下のような定義があり、そこには６つの機能と、６つの種類（レベル）があります。

「ブランド」とは

売り手の財やサービスを識別させ、競合他社のそれらと区別するための名称、言葉、記号、シンボル、デザインもしくはそれらを組み合わせたもの

（アメリカマーケティング協会）

ブランドの機能・働き

商品識別機能	見ただけでその商品が何かがわかります
出所表示機能	どこのメーカーが作ったものか、どのお店なのかがわかります
品質保証機能	あそこの商品なら安心だ、という形で信頼感が得られます
宣伝広告機能	ブランド名やロゴマークそのものが広告媒体です
象徴機能	その商品や店舗のイメージが浮かびます
資産形成機能	ブランド自体が経済的価値を持ちます

ブランドの種類

企業(グループ)ブランド(コーポレートブランド)	企業やそのグループそのものを表したブランド Ex　トヨタ、ソニー、セブン＆アイグループ
事業ブランド	企業の中の特定の「事業」を表したブランド Ex　レクサス(トヨタ)
ファミリーブランド	様々な製品アイテムをひとつのブランドのもとで表したもの Ex　植物物語(ライオン) →シャンプー・リンス・石鹸……等
製品(群) ブランド	特定の製品・商品の中でのバリエーションを表したもの Ex　コカコーラ →コカコーラゼロ、コカコーラプラス……等
ナショナルブランド	メーカーが全国規模で開発・流通させていくブランド
プライベートブランド	流通・小売業者が、独自性を打ち出すために開発するブランド 例)セブンプレミアム(セブン＆アイ)

理解が深まる Point!

ブランドにはこうした機能が混然一体となって含まれています。ブランド名やロゴマークは、その企業やその製品のすべてを表し、人間でいえば「人格」に匹敵するものとして独自の価値を持っています。

顧客との接点で生じるあらゆることがブランドイメージになる！

ブランドにはそれを構成する様々な要素があります。大きなことから小さなことまで、顧客が五感に接するあらゆることで、ブランドイメージが形成されていきます。

STARBUCKS COFFEE

サードプレイス
「第３の場所」

家でも、学校や会社でもない、
第３の場所（サードプレイス）
自分がほっと一息ついて、
次に向かって心を立て直せる場所

スターバックスのブランドを構成する要素は?

立地

日常・非日常
あらゆる場所に接点がある

店舗・デザイン

独特のインテリアで
特別な時間を提供している

CI・ロゴデザイン

ストーリーがあり
環境・自然・ナチュラルだけど
かっこいい

広告

顧客自身が
広告宣伝してくれる
ファンとして拡散してくれる

ポリシー・思想

OUR MISSHION
OUR VALUE
自分たちの存在意義を
いつも考えている

スタッフ

いつも笑顔で感じがよくて
自分たちで自分たちの
役割を考え続ける意識が高い

顧客・ユーザー

勉強・仕事・商談から
ほっと一息まで
スタバでの時間を過ごしたい人

商品・サービス

コーヒーの味と品質
多様な種類（カスタマイズ）
季節の新メニュー

理解が深まる Point!

ブランディングにあたっては、コンセプトを中心に様々な要素をいかに統合し、効果的に打ち出していくか、ということが重要です。

〈コラム〉

●デジタル時代は、ブランディングの主導権はユーザーが握る！

かつてのブランディングは、メーカーが商品開発とともに強烈なイメージを創造して、これをあたかも太陽の光のように、ＣＭ等のマス媒体を通じて大衆に浴びせかけるものでした。

消費環境が成熟し、ユーザーの主体性が増すとともにブランディングは顧客との「関係性」の中で生まれるようになります。さらにデジタル時代を迎え、インフルエンサーを含め、ユーザー同士が相互発信することによりブランドイメージが形成されるようになりました。

このようにブランディングは、メーカー（川上）主導型から、ユーザー（川下）主導型へと主導権が移ってきたのです。

発信者側	需要者側（ユーザー）

高度成長期

メーカーが主導権をにぎる

ブランディング＝一方通行

成熟期

メーカーの主導権が弱まる

ブランディング＝関係性

最新情報

トレンドリーダーが流行をつくる

一般人

ブランディングは顧客との関係性の中で生まれる

デジタル時代

主導権はユーザーがにぎる

（メーカーは存在するが……）

ブランディング＝関係性

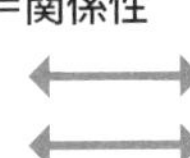

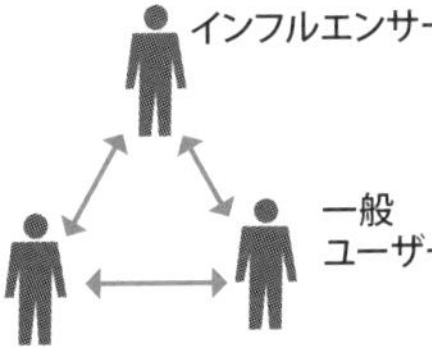

ユーザー同士が相互発信することでブランドイメージがつくられる

宣伝・販促とは「コミュニケーション」戦略！

人がモノやサービスを買うとき、購入前〜検討時〜購入時〜購入後に渡り、様々な場面で商品情報に触れます。宣伝・販促とは、作り手から買い手への「コミュニケーション戦略」といえます。

購買プロセスとコミュニケーション

購入前体験
- テレビCM
- ラジオ番組
- 新聞記事
- 情報サイト
- チラシ
- 交通広告
- DM

検討時体験
- 店舗・WEBｻｲﾄ
- 接客・ネットの評価
- サンプル
- 試着・試用
- パンフレット
- 雑誌記事
- PR記事

購入時
- 商品パッケージ
- 陳列・POP
- 接客・営業
- 決裁・ポイント

購入後
- メルマガ
- クチコミ・SNS

販売促進手法のいろいろ

手法	内容	説明
ブランド		ブランドを強く打ち出すことそのものが宣伝・販促機能です。
広告	マスメディア	4大媒体（テレビ・ラジオ・新聞・雑誌）
	プロモーションメディア	ＤＭ・チラシ広告・交通広告・看板広告・ＰＯＰ
	インターネット広告	バナー・リスティング・アフィリエイト
営業・販売員		買う・買わないの最終決定には、対面での一対一の関与が大きく影響します。
信用販売		クレジットカードやローン、支払いに伴うポイントなども、買う気を起こす要素です
その他	販売サービス	顧客を集め、つなぎ留め、関心を高めることで購買につなげるための手法がいろいろあります。
	サンプル・景品	
	実演販売	
	イベント	
	顧客組織化	

理解が深まるPoint!

販売促進の手法には様々な方法や手法があります。業種・業態や売るべき商品の特性に応じて、こうした手法を組み合わせることがポイントです

5-6

誰に、何を伝えたいかによって販促媒体（メディア）の使い方が決まる

いわゆる4大媒体（新聞・雑誌・テレビ・ラジオ）をはじめ、宣伝・販促媒体には様々なものがあります。それぞれのメリット・デメリットをわかった上で「メディアミックス」を検討します

新聞広告

発行部数が多く、大勢の人に迅速に伝わるが、購読者数が減少している

雑誌広告

ターゲットを絞って伝えられるが、迅速性に欠ける

チラシ広告

チラシの面の構成や表現と配布地域の吟味が重要

DM（ダイレクトメール）

送付先の名簿＝顧客データベースの獲得とレスポンスがポイント

テレビ広告

瞬時に多くの情報をイメージとともに伝えられるが、後に残らない

ラジオ広告

聴覚に訴える方法でイメージを伝えやすいが、伝えられる情報が限られる

屋外広告

コストと効果のバランス、視認性が大切

ノベルティ広告
（ex. ティッシュ配布）

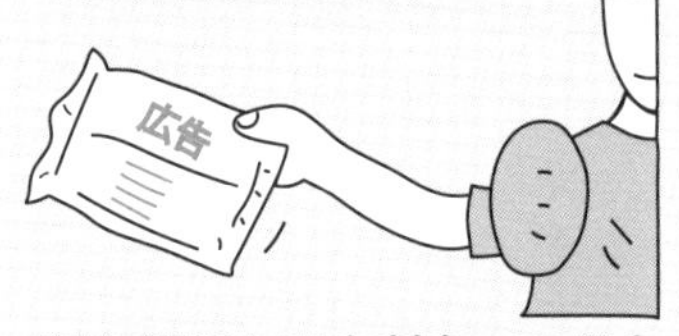

配布場所と配布対象、コストと効果のバランスが重要

理解が深まるPoint!

広告媒体には、それぞれの特性や利点があります。伝えたいことの内容やターゲットによって、これらのメディアを使い分けつつミックスしていくことが重要です。

5-7

テレビメディア広告を抜いたインターネット広告にはどのようなものがあるのか

広告媒体別のコストの推移をみると、相当な勢いでインターネット広告が増えているのがわかります。日頃、何気なくみているサイトの中には、数多くのインターネット広告が表示され、コストが動いています。

2019年度、インターネット広告費が
テレビメディア広告費を超え、初の２兆円超えに!

２兆1048億円

１兆8612億円

テレビメディア広告費

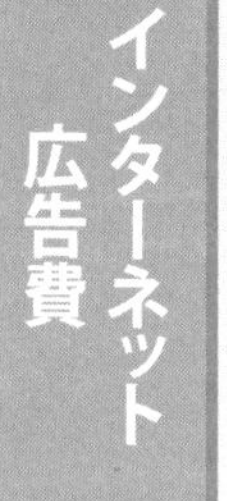

ネット広告の特性

↓

一方通行なテレビ広告と違って

“双方向性”にある!

（広告の送り手は受け手であり、受け手は送り手である相互関係性にある）

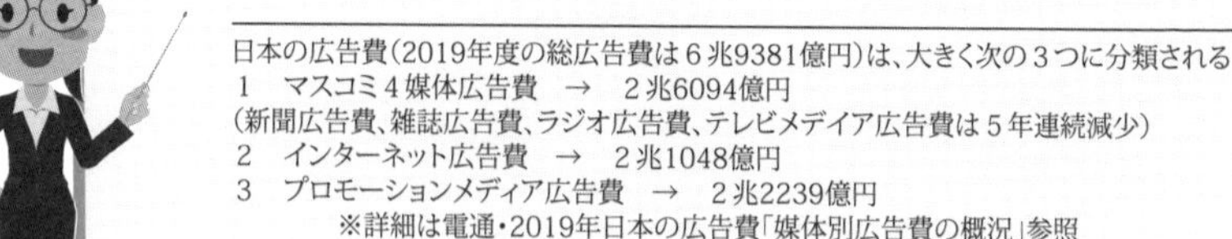

日本の広告費（2019年度の総広告費は６兆9381億円）は、大きく次の３つに分類される

1　マスコミ４媒体広告費　→　２兆6094億円

（新聞広告費、雑誌広告費、ラジオ広告費、テレビメデイア広告費は５年連続減少）

2　インターネット広告費　→　２兆1048億円

3　プロモーションメディア広告費　→　２兆2239億円

※詳細は電通・2019年日本の広告費「媒体別広告費の概況」参照

●出典：電通、「2019年日本の広告」202年３月11日発表、
https://www.dentsu.co.jp/news/release/2020/0311-010027.html参照

インターネット広告の種類

リスティング(検索連動型)広告	インターネット検索エンジンで検索したワードに関連した広告を、検索結果画面の上部に表示します。 (項目の最初に「広告」と表示されている)
ディスプレイ(バナー)広告	WEBサイトの広告枠に表示される広告で、いろいろな形や大きさがあります。
ネイティブ広告	ニュースサイトなどの「記事」と同列に掲載され、記事の延長で読まれることを期待する広告です。
動画広告	動画コンテンツを用いた広告です。 イメージや機能を伝える上でとても効果的です。

理解が深まるPoint!

即効性や具体性、イメージなど、伝えたいことが何かによって、最も効果的な媒体を使うのがポイントです。

コミュニケーションの方法は「押したり・引いたり」して反応を見る

企業（作り手）と顧客（買い手）の間のコミュニケーションには、２つの方向（戦略）があります。大量生産されたナショナルブランド商品を最終消費者に売るには「プル戦略」が有効です。

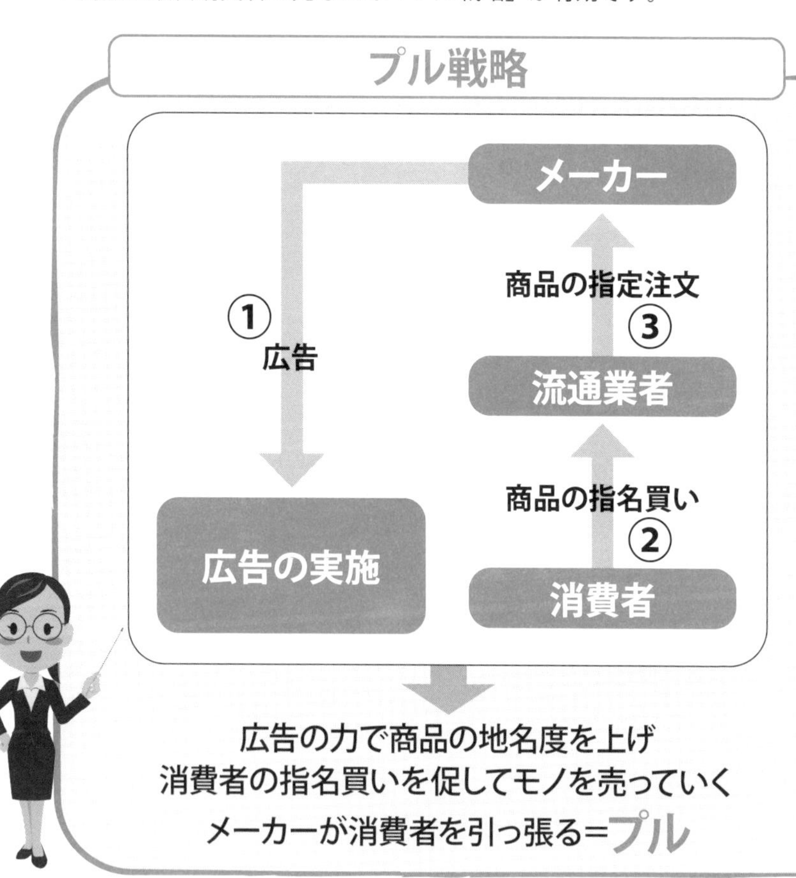

ブッシュ戦略は、メーカーが特定の流通業者を使って大量に取引を行い、商品を小売～消費者へと「押し出していく」イメージです。

販売員・営業マンの力と、リベートや割引を通じて、メーカーから卸売業→小売業→消費者へと商品を押し出していく=プッシュ

“営業”はいかに顧客との関係を築けるかがカギになる

「営業」は「販売」や「接客」を含む幅広い概念です。訪問営業〜店舗での販売と場面は違っても、最終購買者である消費者・顧客との距離を縮め、顧客との関係（リレーション）を築けるかどうかが決め手となります

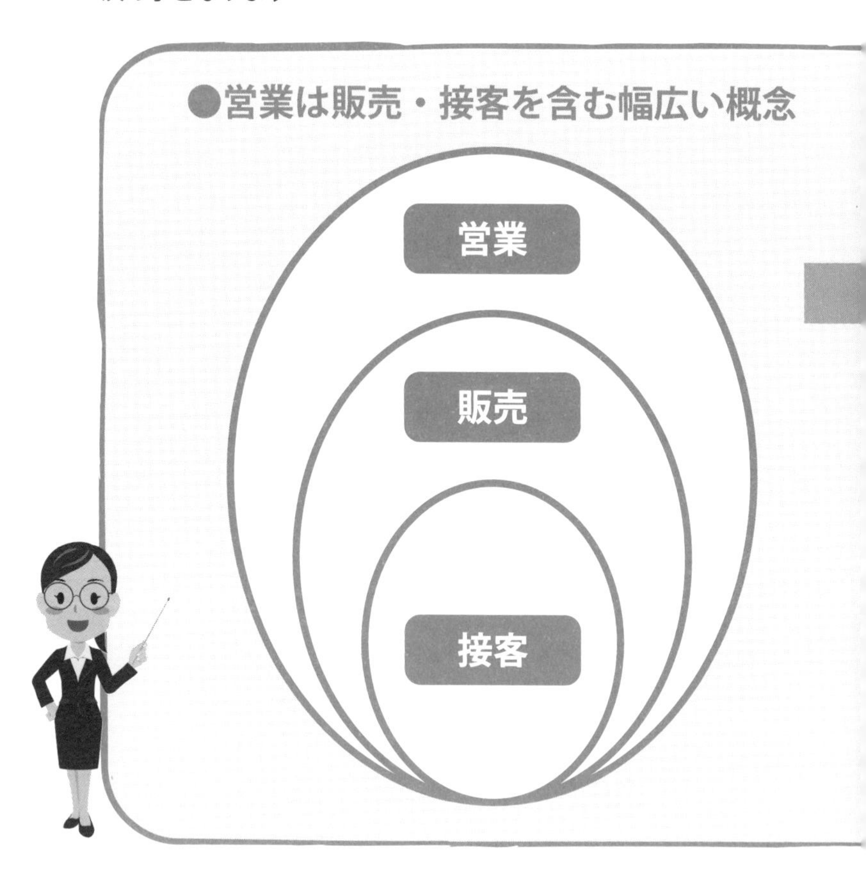

訪問営業

客先が決まっている

客先のニーズと自社製品の特徴をもとに、いかに商談を進めて契約をとるか……**事前の準備と計画が重要**

店舗営業
店舗販売

店頭で待っている

ターゲットとなる人を集客して、店頭環境を整え、来店した客にいかにその場で売るか……**現場（店舗・ショップ）での対応力が重要**

必須スキル＝
コミュニケーションスキル .etc

- **顧客との距離を縮めるスキル**
- **顧客との関係を築くスキル**

5-10 （訪問）営業のプロセスとは、顧客との距離が縮まっていくプロセスでもある

一般に「営業マン」は以下のプロセスを経てモノやサービスを売ります。顧客を見つけ、アプローチし、商談、契約、納品、入金（債権回収）という流れですが、ここにもマーケティングのノウハウが活かされます。

お客様を探す
見込み客を見定める
アタックする客を決める

↓

接点を持つ
（リアルネット）

↓

商談（接客）を重ねて
話を決める

ここで商品と見積を提案

↓

商品を納め
代金を回収する

↓

顧客との関係を
つくる

見込み顧客獲得

マーケティング担当者

各種広告施策
イベント施策

見込み顧客育成

マーケティング担当者

営業への見込み客の抽出・連絡

アプローチ準備

営業担当者

見込客の特性、要望の確認

アプローチ開始

営業担当者

商談機会の獲得

商談

営業担当者

ヒアリング／提案

クロージング

営業担当者

見積／受注

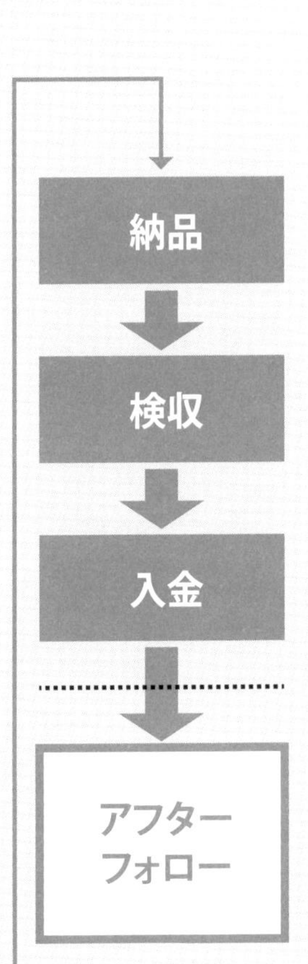

5-11

接客販売は、“神業”のプロセス！

「営業のプロセス」とは違って、お店の接客はあらかじめ顧客のことを調べることはできません。通りがかりに偶然入ってきたお客様の姿や言動から一瞬で要望を見抜き、適切な声掛けから商談、試着や試用を経て購買決定に持っていく、そのテクニックはまさに“神業”ともいえます。

●接客販売のプロセス（アパレル店舗の場合）

アパレル衣料品のお店の優秀なスタッフは、お客様の姿から体系・サイズやファッションの傾向を見抜いたうえで、その方が店内で最初に手に触れた商品から要望を洞察し、商談～購買決定にもっていくといわれています。
デジタル化で、人がモノを買う流れは複雑化していますが、以下のプロセスは基本です。

待機

挨拶
アプローチ

単に静かに待っているのではなく、店に入るお客様を観察し、お客様の好みや目的を洞察しながら、タイミングよく声を掛けます。

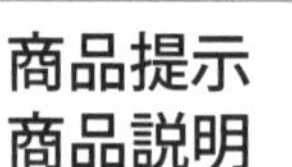

お客様の意図や好みをいかに素早く見抜いて、適切な選択の幅を持たせて提案するのがポイントです。

試着
試用

これください！

購買決定

モノが売れる瞬間（真実の瞬間）にあるお客様の心理を踏まえて、素早く・正確に入金や包装を行います。
取り寄せやお届けの手続きもスムースに行います。

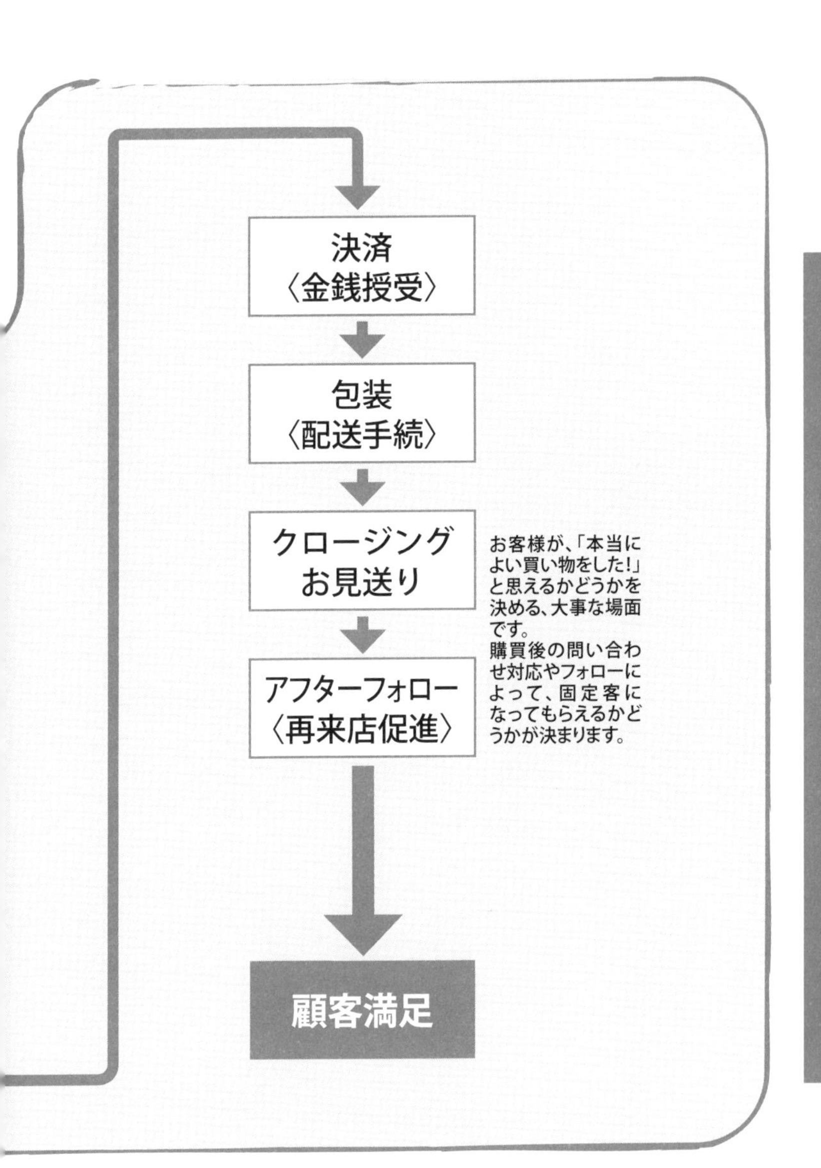
決済
〈金銭授受〉
包装
〈配送手続〉
クロージング
お見送り
アフターフォロー
〈再来店促進〉
顧客満足
お客様が、「本当によい買い物をした!」と思えるかどうかを決める、大事な場面です。
購買後の問い合わせ対応やフォローによって、固定客になってもらえるかどうかが決まります。

5-12

人がモノを買うときの心理を知ると接客がしやすくなる

人がモノ（サービス）を買うときの心理は非常にナーバスですが、「買うことを決めるまで」と「決めた後」で大きく違ってきます。

●人がモノを買うときの気持ちは？

買うことを決める前の気持ち

情報	◆自分の求めるものについて**可能な限り多くの情報がほしい** ◆逆に、自分に関係ない情報は不要
商品選択 受取・支払	◆自分の意志で、**自由に選びたい** ◆**できるだけ多くの中から一番いいものを**選びたい
販売スタッフに望むこと	◆選ぶ間はフリーにしてほしい。**近づいてこないで。** ◆でも、聞きたいことがあったときには、**そこにいてほしい**

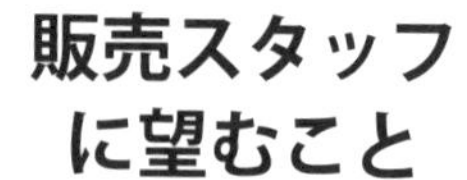

購買
決定

買うことを決めた後の心理

◆自分の選択がベストだったと思いたい。そう思えるような情報がほしい
◆もっと良い買物の選択肢があったと思いたくない。見たくない。
◆手早く、正確に支払い処理～包装して渡してほしい
◆買うのを決めた商品は、自分（買い手）の所有物だという前提で扱ってほしい
◆買ったものにふさわしい扱い方と渡し方をしてほしい

◆買った後はさっさと払って、さっさと受け取って、早くその場を立ち去りたい

認知的不協和の解消

理解が深まる
Point!

接客にあたっては、こうした顧客の気持ちを踏まえて「店頭でのマーケティング」を行うことが大切です。

「人の心が動くときに売れる」とはどういうこと？

モノが売れる瞬間（真実の瞬間）には多くの要素が含まれますが、確実な購買喚起策として２つの「セイカツレキ」があります。これらは、人の心が動き、モノやサービスを買いたくなる大きなきっかけとなります

確実な要素

生活歴

生まれてから亡くなるまで、いつ、どんな出来事があるのか？

・誕生～初宮
・入園・入学
・七五三
・受験
・スクールライフ
・就職
・結婚
・リタイヤ
・転居
・介護
・終活・葬儀

生活暦

春夏秋冬・１月から12月まで、いつ、どんな出来事があるのか？

・正月	1月	
・節分	2月	春
・花見	3月	・
・入学	4月	・
・GW	5月	夏
・……	6月	・
・七夕	7月	・
・……	8月	秋
・敬老	9月	・
・運動会	10月	・
・ハロウィン	11月	冬
・クリスマス	12月	

生活歴を押さえた販促で人の心を動かす

不確実な要素

個人の心

最終的に、顧客の心がどのように動いたから購買「決定」に至ったのか？

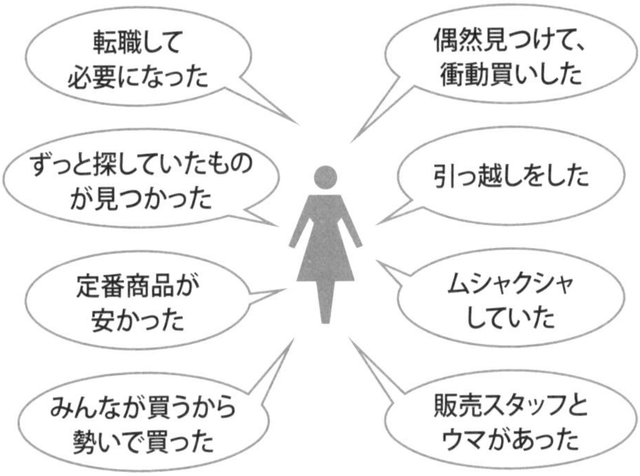

転職して必要になった

偶然見つけて、衝動買いした

ずっと探していたものが見つかった

引っ越しをした

定番商品が安かった

ムシャクシャしていた

みんなが買うから勢いで買った

販売スタッフとウマがあった

理解が深まるPoint!

顧客の心の中は永遠のブラックボックスですが、２つの「セイカツレキ」を押さえたプロモーションを行うことで購買の確率を高めることができます。顧客にとっての「時間」をマーケティングすることが鍵です。

コラム◆最大のプロモーションは「接客」にあり　～感情労働のマーケティング～

デジタル・マーケティングやオンラインショップ全盛の時代になりましたが、買うか買わないかを決める場面では、やっぱり一対一での「接客」がモノをいいます。無理難題をいう「ブラック顧客」への対応から"感情労働"とも揶揄される接客業務ですが、1904年（明治37年）に「デパートメントストア宣言」を行い日本最初の百貨店を築いた三越には、「三越小僧読本」という販売員向けのマニュアルがあり、その中で店舗に来るお客様を10種類に分類しています。

①**買物**のお客様　②**娯楽**のお客様　③**怒れる**お客様　④**泣いている**お客様　⑤**困っている**お客様　⑥**贔屓（ひいき）の**お客様　⑦**不贔屓の**お客様　⑧**見物の**お客様　⑨**病気の**（＝神経過敏な）お客様　⑩**同業の**お客様

単に買物だけでなく、これだけ多様な目的や感情の受け皿になるのが店舗での接客であり、その事情を十分わかったうえで一人ひとりのお客様に合わせて画一的ではない対応ができてはじめて、三越の小僧（従業員）といえるのだ、と説いています。

営業・接客は単に「売る」ためだけではなく、顧客と直接接する最大のチャンスであり「マーケティング活動」なのだととらえられるかどうかで、大きく成果は分かれます。

第6章
「電脳力」で儲ける
《デジタル・マーケティング講座》

◎ビジネス最前線ではどんなマーケティング革命が起こってるの？

6-1

今、マーケティングの世界では「大革命」が起こっている

前章まで示してきたマーケティングの考え方や流れは、ITの登場で大きく変わりつつあります。第1章の3で示した戦略的マーケティングのフレームが、ITやスマホ＝デジタル化の進展によって、有効性が問われているのです。

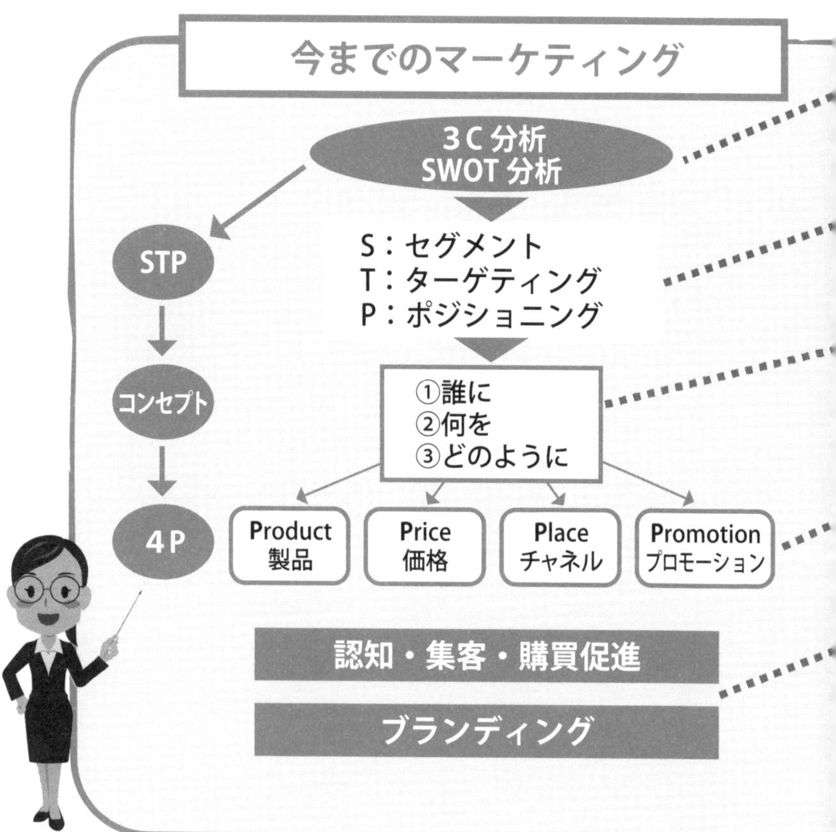

●スマホ以降の状況

ほとんどの人がスマホを持つようになったもんだから…

おおざっぱでとらえきれない

属性（男女・年齢……）通りには人は動かない。スマホで何を見て、どう動いたか、データにもとづくターゲティングの方が重要になる。

単純に、大くぐりで決めても特徴が出ない

売り手の論理で４Ｐを組み立てても、響かない

消費者自身が相互に情報発信し合っていて、こちらが思うようにブランディングができない

理解が深まる Point!

これからは大きな方向性にもとづく戦略とともにユーザーの行動結果を起点としたマーケティングが必要になっています（データドリブンマーケティング）。

6-2

「頒布会」は昔からあったけど、デジタルでより大きくなった！

昔から、郵便局を拠点とした「頒布会」というビジネスがあります。一定金額を支払うと、全国各地の名産品が毎月届くというもので、こだわりグルメに人気です。このしくみをデジタルによって再構築したものが、サブスクリプションです。

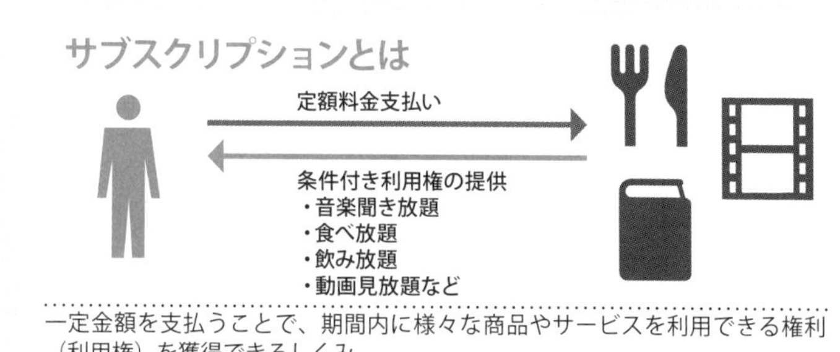

何が変わるのか？

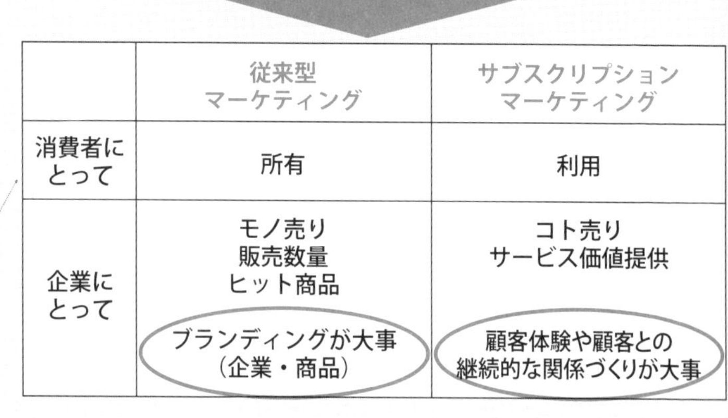

	従来型マーケティング	サブスクリプションマーケティング
消費者にとって	所有	利用
企業にとって	モノ売り 販売数量 ヒット商品 ブランディングが大事（企業・商品）	コト売り サービス価値提供 顧客体験や顧客との継続的な関係づくりが大事

【サブスクの例】

コンピューターソフトウエア

サブスクの起点

デジタルコンテンツ

音楽、ゲーム、漫画

飲食

カフェ、ファーストフード、居酒屋

ファッション

衣料品、雑貨、スーツなど

生活用品

家具、絵画、車など

サービス

家事サービス、エステ

理解が深まる Point!

もともとはコンピューターソフトの分野で生まれたサブスクビジネスは、日常商品・サービスをはじめとする多くの分野で展開されています。それを可能にしたのは、デジタルによる顧客管理・商品管理の仕組みです。

6-3

「分かち合う経済」が大きくなったのもデジタルマーケティング

サブスクリプションと並んで新たに生まれたのが「シェアリングエコノミー」です。これは、人やモノ、スペース、乗り物など、通常は遊休資産として放置されている社会資源を、インターネットを介して取引を行うことで無駄なくシェアしていくしくみ、いわば「分かち合う経済」を意味します。

【エアビーアンドビー】

宿泊施設や民宿を貸したい人と、一定の条件で借りたい人とをつなぐマッチングサイト。
遊休施設を低価格で提供し、社会的資源の効果的な活用とシェアが可能になりました。

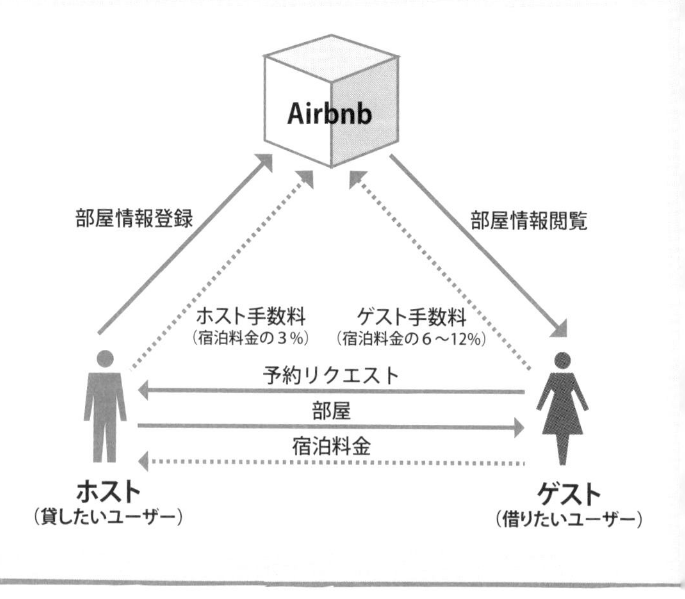

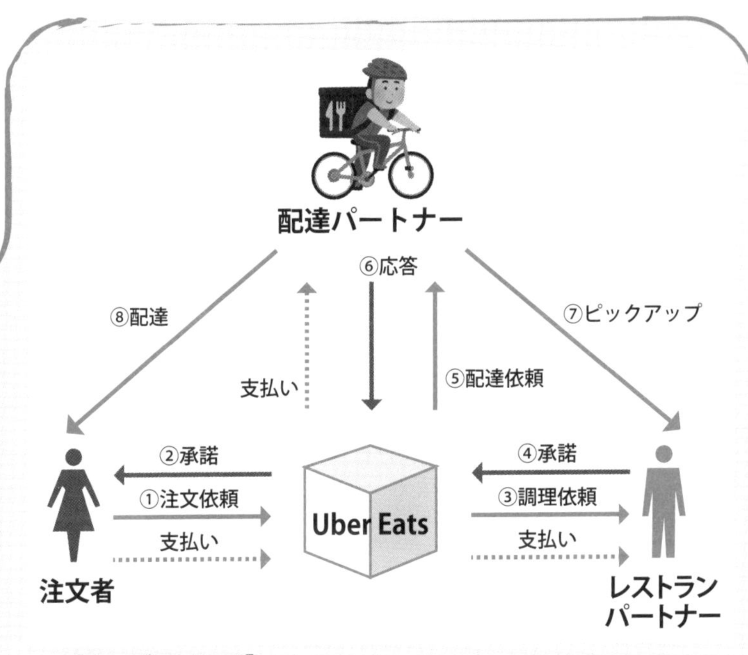

【ウーバーイーツ】

宅配したいが人手のない飲食店と、短時間でも自由になる時間を使って稼ぎたい人とをつなぐマッチングサイト。これまで見逃され、放置されていた時間や労働力をシェアして活用するためのしくみの基盤にも、デジタルテクノロジーがあります。

【どんどんひろがるシェアリング・エコノミーの分野】

空間	モノ	移動	お金	スキル
パーキング・会議室	レンタル・フリマ	カーシェアリング・シェアサイクル	クラウドファンディング	教育・育児・介護

6-4 フリマは前からあったけど、デジタルで躍進したメルカリ

デジタルはフリーマーケットも変えました。CtoCつまり消費者同士の商品取引が自由に、簡便に行えるしくみを提供したメルカリは、消費者同士の直接取引＝CtoCマーケットを顕在化したのです。

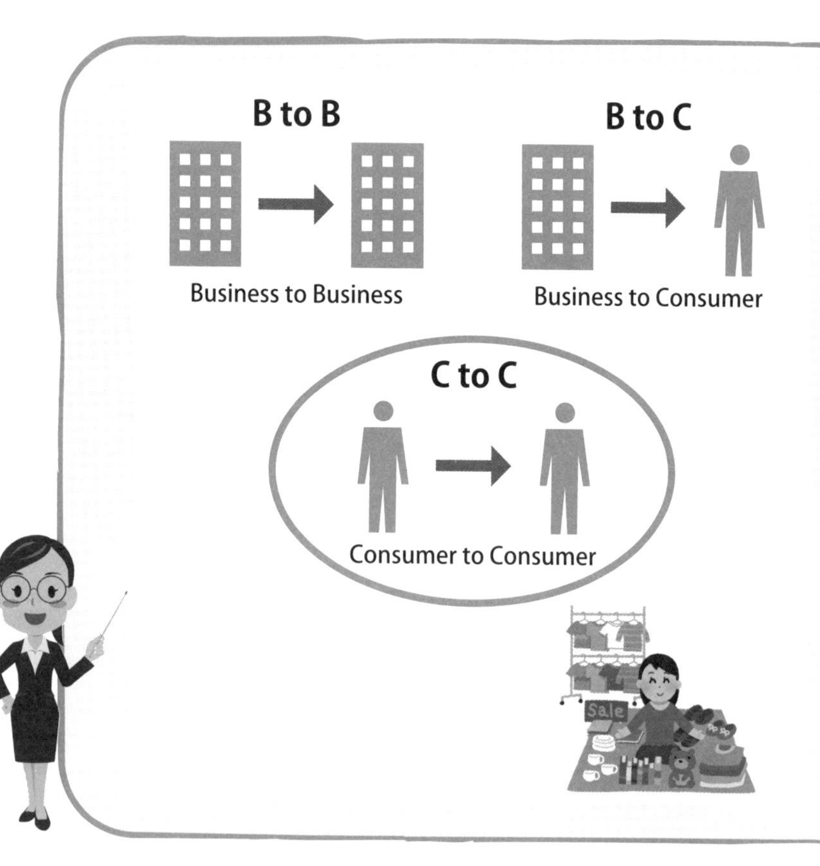

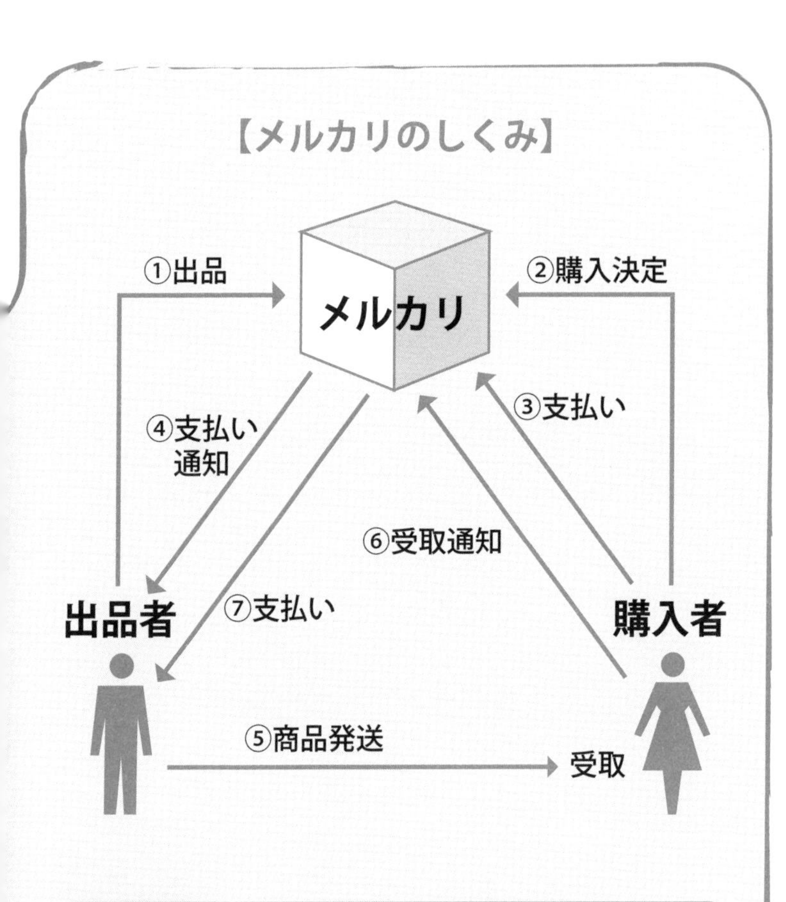

理解が深まる
Point!

メルカリの仕組みは実によく考えられています。購入者が支払うまでは商品は発送しない、しかし商品を受け取るまでは、出品者には支払わない……メルカリが間に入ってリスクを分散させているのです。この複雑なしくみを運営できるのも、デジタル技術のおかげです。

6-5

遂に「売らない店舗」も登場しました

デジタル・マーケティングは、「店舗」のカタチも変えつつあります。話題の「アマゾン・ゴー」などはその先駆けですが、マルイは、店で売らずに客が試着だけを行い、タブレットでオンライン注文するショップを開発、「売らない店舗」として人気を集めています。

自由に試して購入を決める！

手続きはタブレット＆
オンラインショップで

ポイント1　自由にお試しできる！

ポイント2　タブレットで注文！

ポイント3　無料でお届け！

顧客にとってのメリット

「売らんかな」のスタッフが
寄ってこないから
好きなだけ納得いくまで
試着できて便利！

ショップスタッフにとってのメリット

「いくら売らなきゃ」という
プレッシャーがないから、
顧客が納得いくまで
商品選びのアドバイスが
できるわ！

理解が深まる Point!

客が店舗で商品を見て確かめ、ネットで注文することを「ショールーミング」といいます。店舗にとってはオンラインショップの売上が取られる……と思いがちですが、マルイの例は店舗とネットを上手に融合させたやり方だといえます。今後こうしたリアル店舗とオンラインを組み合わせた売り方が増えていくでしょう。

「マスから個別へ」マーケティングはシフトした！

デジタル・マーケティングによってマーケティングの形は、従来のマスマーケティングからワンツーワンマーケティング・ダイレクトマーケティングへと大きくシフトしました。いわば「マスから個別へ」とシフトしたのです。

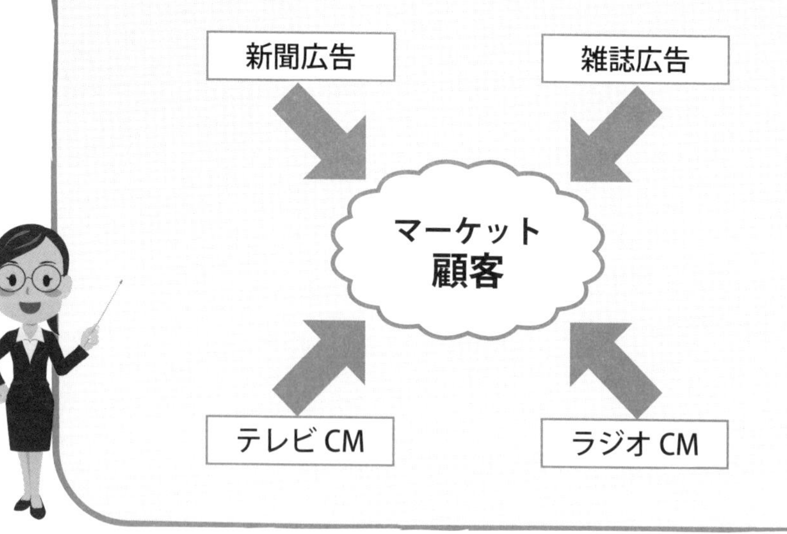

デジタル時代のマーケティング

ダイレクトマーケティング（ワンツーワンマーケティング）

ターゲット顧客に一対一の関係をもってアプローチし、個別の反応を見ながら関係性を強化していくマーケティング手法

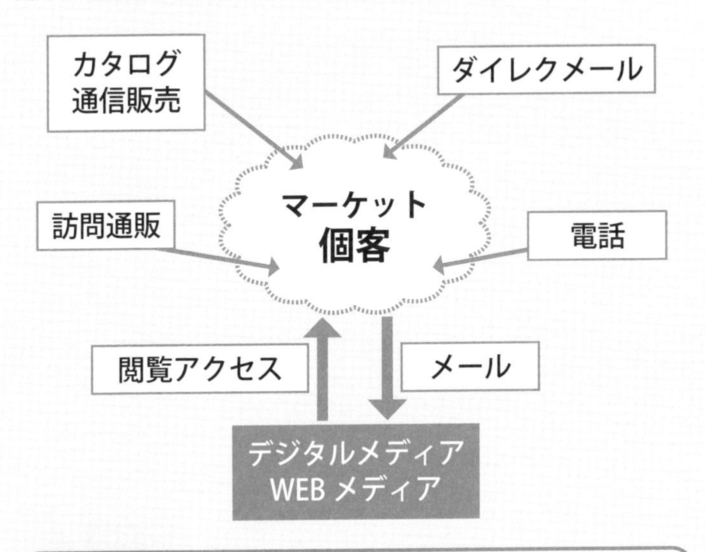

理解が深まるPoint!

カタログ通販など、これまでもダイレクトマーケティングによるビジネスはありましたが、デジタル＆インターネットの発達により、顧客一人ひとりの意向や要望にそったアプローチや関係づくりが大量かつ容易に行えるようになりました。

根本にあるのは、「データにもとづくマーケティング」

デジタル・マーケティングの根底には、顧客の行動や購買実績を知ったうえで、一人ひとりの傾向に応じた声掛けやプロモーションを通じて購買アップをはかる、という「ＣＲＭ（カスタマーリレーションシップマネジメント）」の発想があります

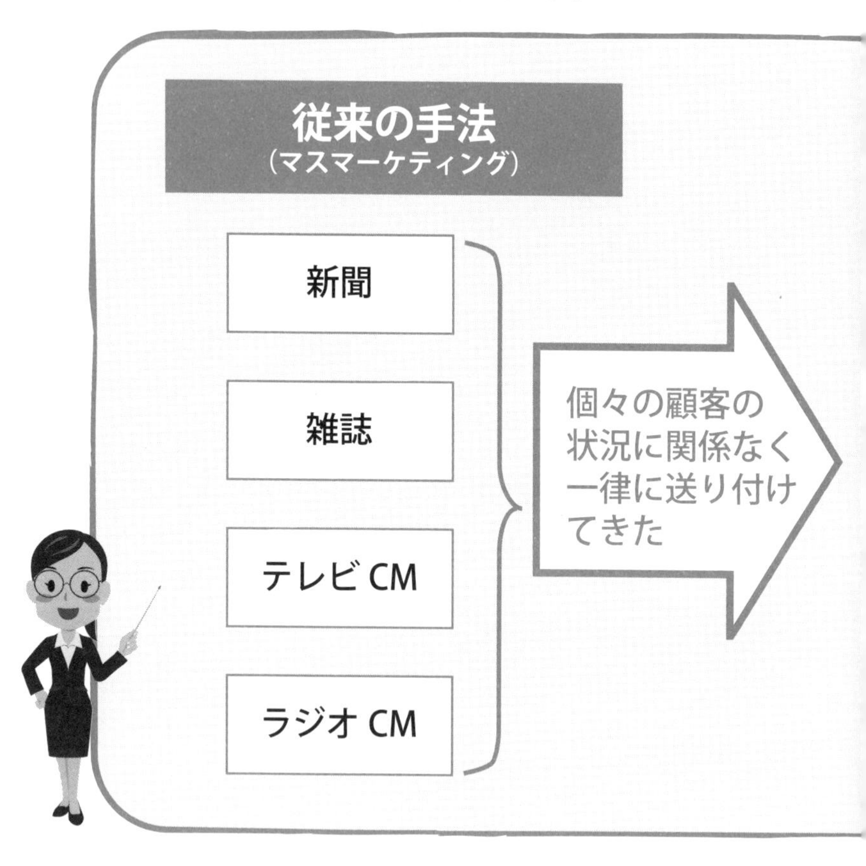

顧客ピラミッド

デジタル時代の手法
(カスタマーリレーションシップマーケティング)

ファン優良顧客
買うなら自社の商品を！と決めている顧客
→購買内容に応じたインセンティブで、一人当たり購買単価の維持・向上をはかる

リピート顧客
自社商品について繰り返し購買している顧客
→購買回数や頻度、購買商品の傾向から、割引やポイントインセンティブを行い購買を増やす

新規顧客／休眠顧客
自社商品を初めて買った／以前買ったがその後買ってない顧客（休眠顧客）
→購買実績やデータから傾向を読み、その方の関心がありそうなプロモーションを行ってリピート／掘り起こしにつなげる

見込顧客
メール会員やアンケートへの返信、カタログ請求など、何らかの関係を持ちたがっている顧客
→様々な声掛け、呼びかけを行って反応をみる

潜在顧客
顧客になるかどうかわからない人
→何かのきっかけ（顧客接点）をつくって、見込顧客への道を探る

理解が深まる Point!

この図は第２章の９で説明した顧客ピラミッドにもとづくCRMの手法と同じですが、デジタルによって、顧客の構造＝カタチが見えるようになったことで、一人ひとりの顧客との「関係」を強めていくことが容易に可能となったのです。

時空を超えるデジタル・マーケティングで、新たな手法が増えていく!!

「デジタルとは何か」を突き詰めると、結局は「時間」と「空間」の壁を乗り越えることだといえます。人間の行動はすべて記録・蓄積・分析の上予測され、その結果、部門や企業、業界、行政といったの様々な「セクター」を超えて、真にユーザー起点の取り組みが実現できることが、デジタル・マーケティングの本質です。

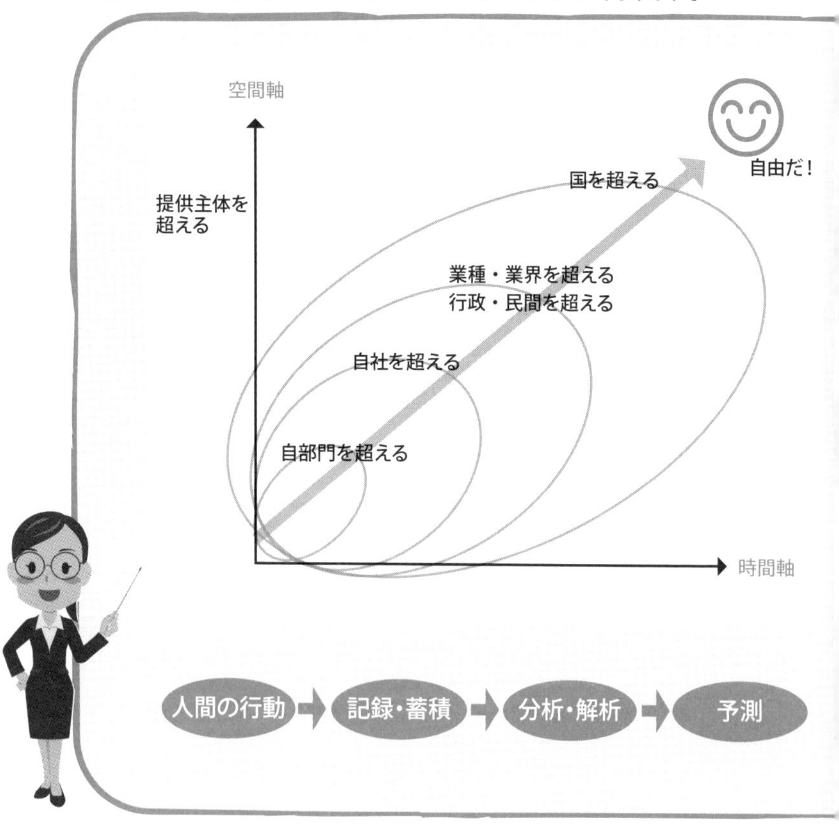

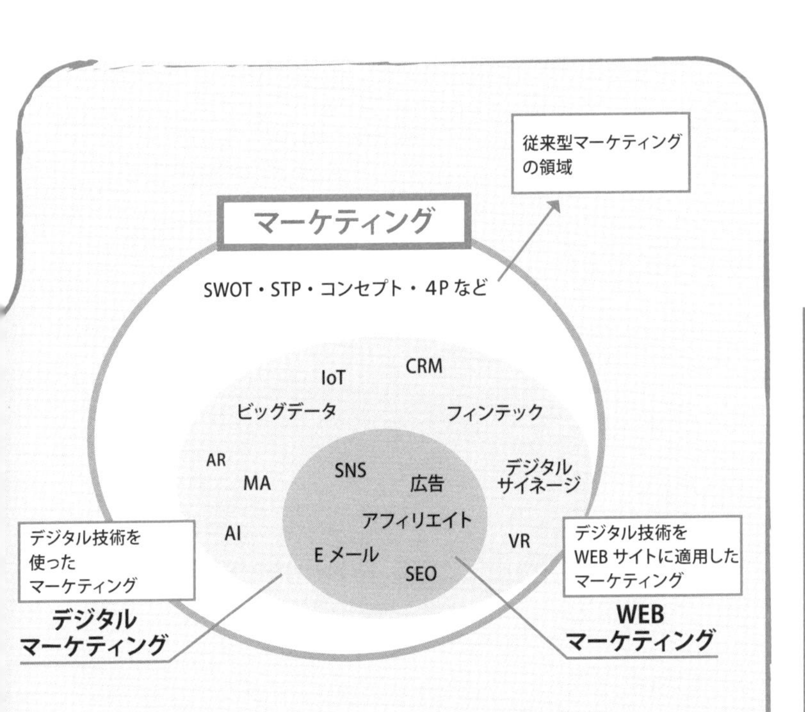

デジタルサイネージ

IOT（Internet Of Things)

理解が深まるPoint!

デジタルテクノロジーはさまざまなマーケティング手法やツールを進化させました。その結果、顧客ユーザー一人ひとりの行動結果から予測される、要望にマッチした情報提供や機器の操作が可能になったのです。

6-9

3つの観点からWEBマーケティングをとらえるとどうなるか

デジタル・マーケティングから広告の世界をみると、大きく３つの「メディア」に分けられます。この中で、従来のプロモーションの中心だった「マス媒体」は②のペイドメディアとして位置付けられることになります。

大きく３つのメディアに分けられる

①ホームページで自社製品を見てもらう。魅力を伝えて興味を持ってもらう

オウンドメディア

②お金を払って自社サイトやページに来てもらい、認知度を上げる

ペイドメディア

③消費者の意見や評価に向き合って、評判を上げるよう努力する

アーンドメディア

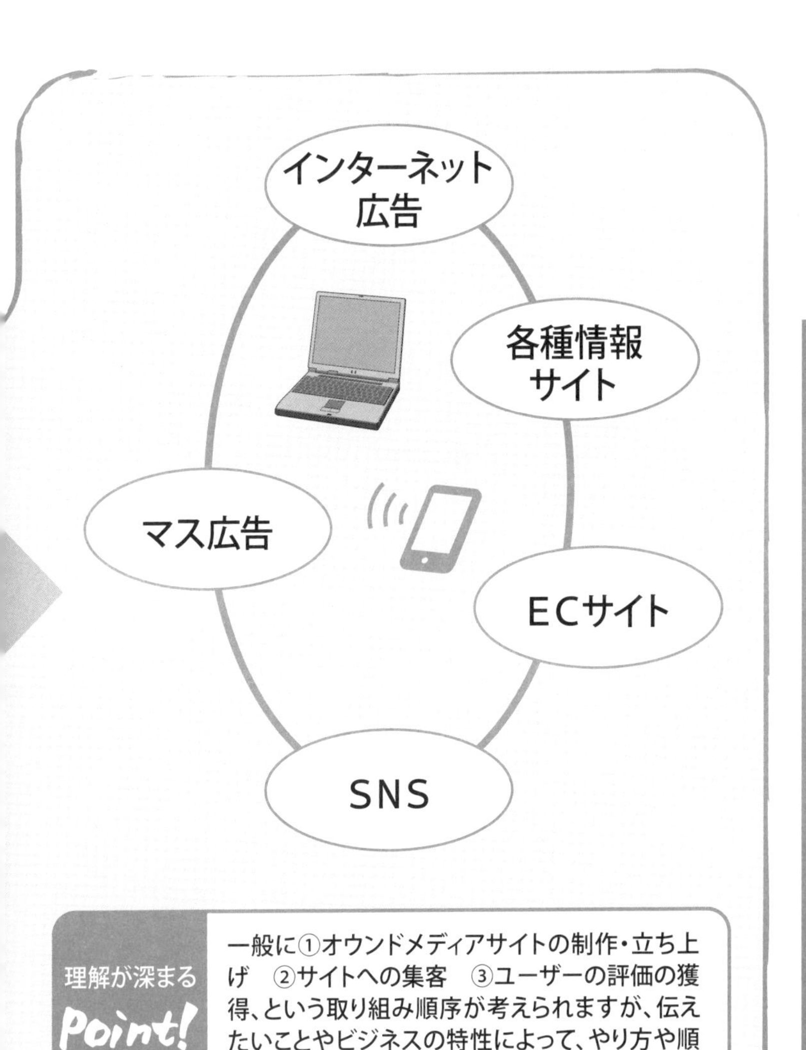

理解が深まる Point!

一般に①オウンドメディアサイトの制作・立ち上げ　②サイトへの集客　③ユーザーの評価の獲得、という取り組み順序が考えられますが、伝えたいことやビジネスの特性によって、やり方や順番は異なります。目的は顧客化＝ファン化です。

デジタルの力は、買物のカタチも変えていく

小売店の商売は「仕入れて→店に並べて→売る」という単純なものでしたが、デジタルの出現で顧客自らが商品を探し、比較して注文する形のしくみ＝オンラインショップが生まれました。

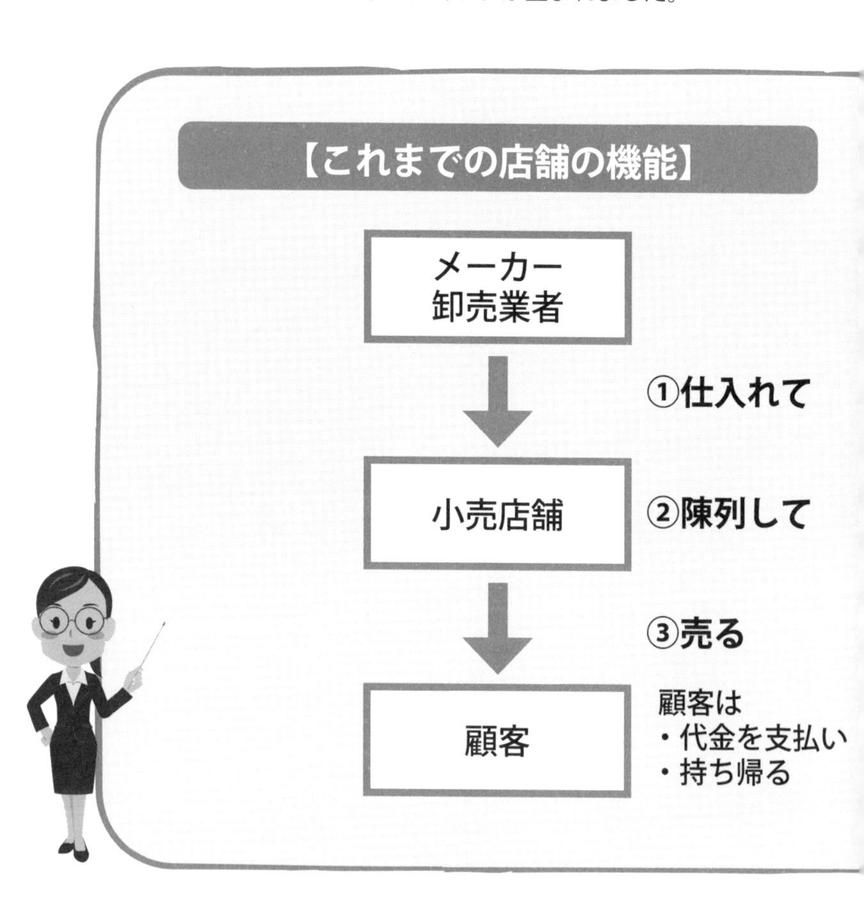

【ＥＣでの流れ】

●メーカー卸売業者
●その他商品供給者
●（物流）倉庫

③EC 事業者は
商品を調達

②注文＆代金
決済する

④届ける

オンライン
ショップ

①自分でネットで
探して、
比較検討して
商品を選ぶ

顧客

時間の壁
営業時間制限がない
=24時間いつでも買える

空間の壁
①店舗面積の
制約がない
②どこに居ても買える

在庫の壁
店舗在庫の制約がない

接客の壁
販売スタッフの
制約がない
（販売力の差）

理解が深まるPoint!

ＥＣではマーケティング活動の主体が「店」から「顧客」へとシフトしました。その結果、店舗ビジネスが抱えていた４つの「壁」が克服され、ビジネスとしての可能性が拡大しました

6-11

オンラインショップをやるには2つの方法がある

オンラインでショップを展開するには大きく２つの方法があります。いずれの場合でも、誰に、何を、どのように提供したいか、というコンセプトが出発点であることは変わりません。

1、自分でECサイトを構築する

様々なサービス提供先と連携しながら、
自分で自分のECサイト（ドメイン）を構築する

自分で「路面店舗」を立ち上げる
イメージ

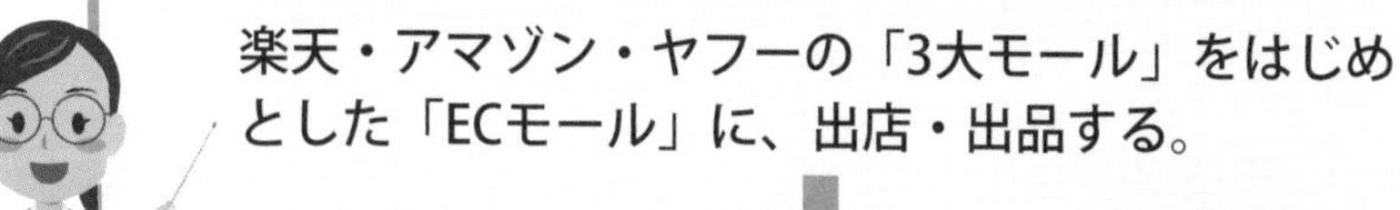

楽天・アマゾン・ヤフーの「3大モール」をはじめとした「ECモール」に、出店・出品する。

ショッピングセンターに
テナントとして「出店」する
イメージ

３大モールとは

amazon

出品型モール……商品を提供する

- 書籍からスタートして、幅広い分野で商品展開
- 物流拠点、物流体制が強い
- プライム会員の基盤がある
- アマゾンフレッシュ、アマゾンダッシュなどの新サービスも、特徴の１つ

楽天

出店型モール……店を出す

- 日本最大、国内ECのパイオニア
- 楽天スーパーポイント、楽天カードなどグループ力を背景とした集客力がある
- 雑貨、食品、アパレル、ギフトに強い

Yahoo!ショッピング

出店型モール……店を出す

- 出店料・販売手数料が無料
- 出店数は日本一
- ヤフー検索からの流入が多い
- 各社との提携による集客力がある（Ｔポイント、ＬＩＮＥ等）

6-12 人気のオンラインECサイトには売るための工夫がいっぱい詰まっている

これは、ある人気のファッションＥＣのページ構成を表しています。いかに多様な切り口で顧客の関心を引きつけ、スムースに商品ページへと導いていくか、様々な工夫が詰まっています。

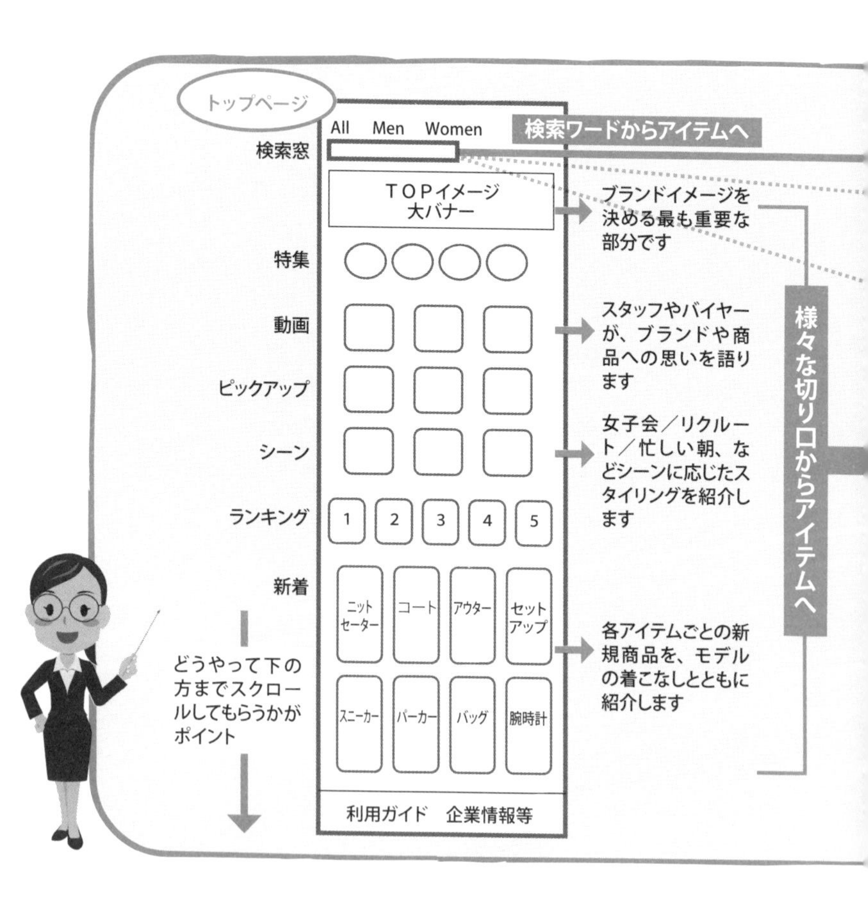

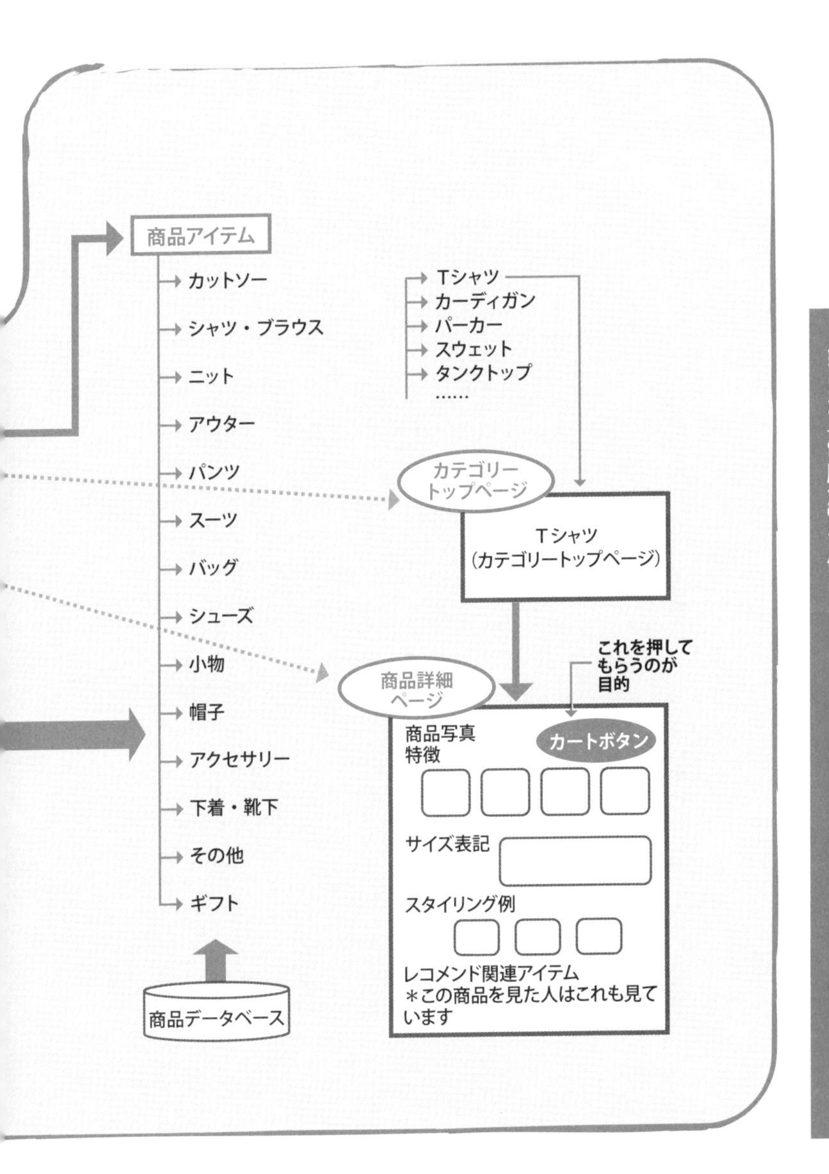
商品アイテム
カットソー
シャツ・ブラウス
ニット
アウター
パンツ
スーツ
バッグ
シューズ
小物
帽子
アクセサリー
下着・靴下
その他
ギフト
商品データベース
Tシャツ
カーディガン
パーカー
スウェット
タンクトップ
……
カテゴリートップページ
Tシャツ
（カテゴリートップページ）
これを押してもらうのが目的
商品詳細ページ
商品写真
特徴
カートボタン
サイズ表記
スタイリング例
レコメンド関連アイテム
＊この商品を見た人はこれも見ています

6-13

オンラインショップのつくり方

オンラインショップの立ち上げは、基本的には店舗づくりの手順（第４章の11参照）と同じプロセスをたどりますが、システム上にショップを構築することから、様々なケースを想定して業務をしくみ化し、システム化することが必要です。これらのしくみをサポートする事業者やソフトウエアも、数多く存在します。

基本戦略

実（リアル）店舗と同様に、ＳＷＯＴや競合サイトの調査をもとに、自分のやりたい商売（＝コンセプト）を明確にします。

品揃え

オンラインで売りやすい商品特性、オンラインならではの売り方を活かして、何を・どう売るのかを決めます。

サイト構築・商品登録

この部分がリアル店舗との違いです。顧客の来訪動線を設計し、サイトの中を階層別にページ構成するとともに、提供商品の画像とコピーを「登録」することでオンラインショップが構築されます。

顧客開拓・集客

デジタル・リアル両面から様々な方法でサイトの認知を高め、来訪者を増やしていきます。単にサイトをアップしただけでは、誰にも知られず、人は集まりません。

接客・受注のしくみ

オンライン上の様々な機能による自動応答接客のほか、問い合わせのための電話応対のしくみ（コンタクトセンター）も必要です。

決済・入金のしくみ

様々な決済・入金方法に対応できるための仕組みを構築します。ポイントの付与など、オンラインには不可欠な購買促進策も必要です。

物流・配送のしくみ

注文を受けた商品をピッキングし、梱包して顧客に送り届ける（配送）しくみや、倉庫内の商品管理・発注・納品管理など、物流管理のしくみを構築します。

管理体制

実績顧客、商品管理、売上管理について、統一した管理を行うためのしくみが重要です。

サイトオープン

コラム◆そのうち人は買い物をしなくなる？

『2025年、人は「買い物」をしなくなる』というタイトルの本が出るほど、オンラインショップ（ＥＣ）は日常的な存在になりました（望月智之著、クロスメディア・パブリッシング刊）。アメリカでは「アマゾンエフェクト」が叫ばれ、アマゾンの出現の“前と後”によって多くの企業がこれまでにない影響を受けています。

確かに、「店舗」という空間でしか見ることのできなかった商品やサービスが、スマホ1台の中に、店舗をはるかに超える種類と量と検索機能で詰め込まれ、24時間365日いつでも注文できるという状態はもとより、街で見かけたモノを撮影して検索するだけでＡＩが探し出して買えるようになるという「5Ｇ」時代の到来は、もはや「買い物」という概念すら感じられない社会を思わせます。第6章の5で紹介した「売らない店舗」も、その予兆かもしれません。

これからの「実店舗」は、従来の「商品を仕入れて、並べて、売る」という流通機能の役割から、人がそこで未来の時間を体感できる空間、人と人とが本当のつながりを共感できる時間を提供できる場所へと、大きく脱皮することが必要です。時間と空間の縛りがない、真の顧客セントリックな店づくりのためにに、マーケティングの手法が再び求められます。

あとがき　~社会と個人のマーケティングが大切な時代です

本書冒頭で、マーケティングを富士山に例えて８つのアプローチの道を示しました。どの道から登っても頂上（顧客満足と売上向上）は同じですが、ここでは本文中で取り上げられなかった残りの２つの道について解説します。

❶社会の力で儲ける（ソーシャル・マーケティング）

世界が近代化し、日本も高度成長が続いた時代には、いかに効率的にモノを「生産」し「流通」させ「消費」してもらうか＝買ってもらうかが、マーケティングの目的でした。おかげで世界は豊かになったのですが、その裏では大量生産・大量消費に伴う大量廃棄や、原材料となる資源の枯渇、世界的な貧富の格差、さらにはかつての公害問題から気候変動、地球環境問題へと、近代産業の負の遺産が拡大し、このままでは人類が存続可能（サスティナブル）なのかが問題となる段階にまで至っています。

ソーシャル・マーケティングとは、本書でもたびたび登場したフィリップ・コトラーの提唱によるもので、グローバル化の中で複雑多様化する社会課題に対して、マーケティングの発想と手法でアプローチし、解決をめざす考え方です。単に自然環境への負荷に配慮して企業経営を行うだけでなく、企業活動そのものが社会的価値を生むかどうかを基準に経営する、それはいわば、日本の商人に昔から伝えられてきた「三方良し」（買い手良し・売り手良し・世間良し）の思想を実践したもので、２０１５年に国連で決議されたＳＤＧｓ（持続的開発目標）もその流れにあります。もはやマーケティングは営利を超えて、社会的価値なくしては考えられない時代なのです。

❷個人の力で儲ける（パーソナル・マーケティング）

マーケティングを、個人の強味・弱みの把握からビジョン構築に向けた手法として活用するものです。たとえば就活を行う学生の「エントリーシート」は、本書第１章の３で示したフレームと基本的に同じですが、人生を振り返って何が転換点だったのか、自分の気づかない特徴や強みは何なのか等、多面的な自己分析には、マーケティングの手法が有効です。

また個人で新規創業でスタートアップするときは、どんな分野・事業であれ、自分が誰かから「検索」してもらえるキーワードをいくつ持っているか、「自分マーケティング」を行うことで仕事が得られ、ネットワークが広がります。

時代が大きく変わる中、マーケティングはますます個人や社会との「対話」の手法へとシフトしているのです。

本書の執筆中に新型コロナウイルスの問題が発生しました。それは、５Ｇの実装や「働き方改革」によって見えていたはずの未来が突然やってきた、いわば“未来の強制適用”のような状況でした。同時に、医療や行政、システム基盤の脆弱性など、様々な課題が浮き彫りになりました。

マーケティングの世界でも、「ウィズコロナ／アフターコロナ・マーケティング」ということがささやかれ、グローバルリソースの課題や、リアル店舗の限界、ＥＣ（オンラインショップ）へのシフトが急ピッチで取り組まれています。本書でもご紹介したマルイの「売らない店舗」など、時代に先んじた取り組みの有無によって、企業業績が大きく分かれているのです。

デジタルＩＴ技術は不可欠です。在宅勤務でムダな会議やムダな仕事も見えてきました。他方で、ＷＥＢ会議で人と人とが直接向き合って、深い理解と議論を交わすためには、リアルの世界でどれだけ様々な体験を積んでいたかがベースになります。今後は、ＳＴＰや４Ｐといった伝統的なマーケティング手法と、デジタル・マーケティングとが本格的に融合する時代に入っていきます。

アフターコロナがどのような世界になるかは未知ですが、これを新たな社会創出の契機となることを信じて、世の中を「よい方向に変えていく」ためのマーケティングをめざしていきましょう。

【主な参考文献】

『マーケティング　新訂版』（篠田勝之、小林一 編集／実教出版刊）
『大学４年間のマーケティング見るだけノート』（平野敦士カール著／宝島社刊）
『コトラーのマーケティング３．０』（フィリップ・コトラー他著、恩藏直人他訳／朝日新聞出版刊）
『これが「繁盛立地」だ！』（林原安徳著／同文舘出版刊）
『いちばんやさしいデジタルマーケティングの本』（田村修著／インプレス刊）

草地 真（くさじ・まこと）

東京生まれ。慶應義塾大学経済学部卒業。経営コンサルタント。マーケティング、顧客満足、職場の問題解決のスペシャリストとして活躍中。マーケティング、現場改善、仕事の環境改善のための人材育成、人間関係論、チームづくりなど現場に即した組織活性化のための提言をおこなっている。
主な著書には、増刷を重ねたディズニーランド本の走りとなった『ディズニーランドの心に響く接客サービス』、『人を動かすファシリテーション思考』(共に小社刊行) などマーケティング関連、問題解決のためのビジネススキル関連などの質の高い著書が多数ある。

〈連絡先〉
メール　spg69m29@friend.ocn.ne.jp

本文デザイン●ヨコイクリエイティブハウス

見るだけで頭に入る!!

「売る力」が身につく最強マーケティング図鑑

2020年7月21日　初版発行

著者　草　地　真
発行者　常　塚　嘉　明
発行所　株式会社　ぱる出版

〒160-0011　東京都新宿区若葉1-9-16
03(3353)2835 — 代表　03(3353)2826 — FAX
03(3353)3679 — 編集
振替　東京 00100-3-131586
印刷・製本　中央精版印刷(株)

ISBN978-4-8272-1229-7　C0034